FASHION SKETCHBOOK

I0829417

	Name	
	Address	
	Phone	
	E-Mail	
	Facebook	
	Instagram	
	Twitter	

FIGURE TEMPLATE
MALE FIGURE POSES

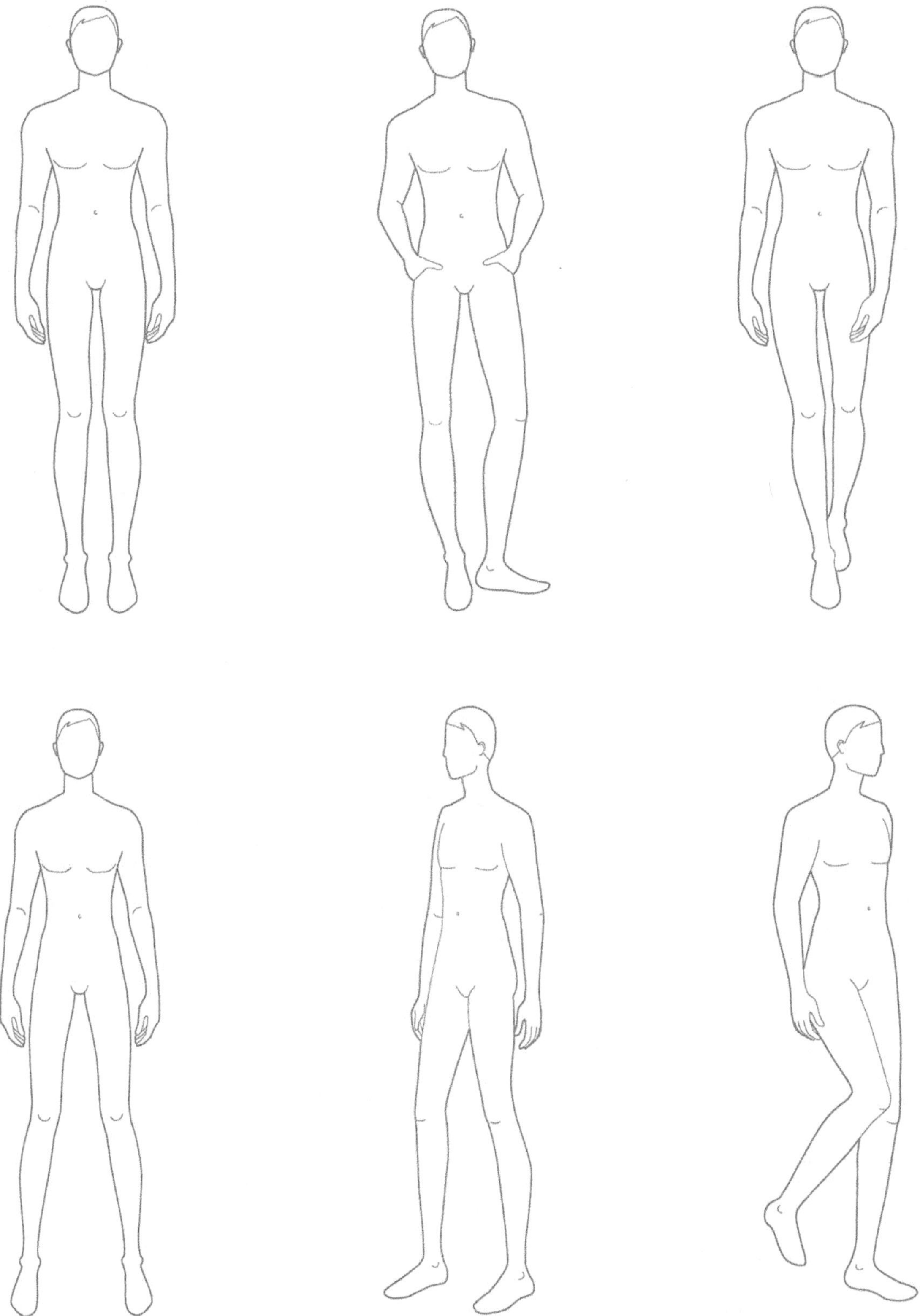

POJECT :
DATE:

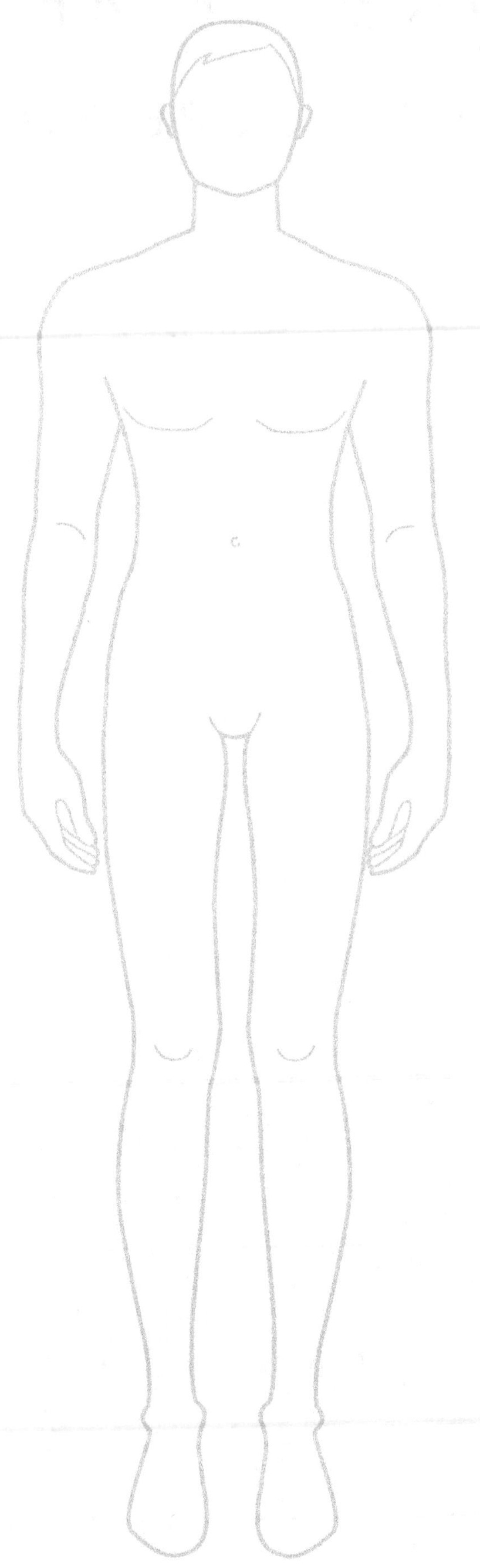

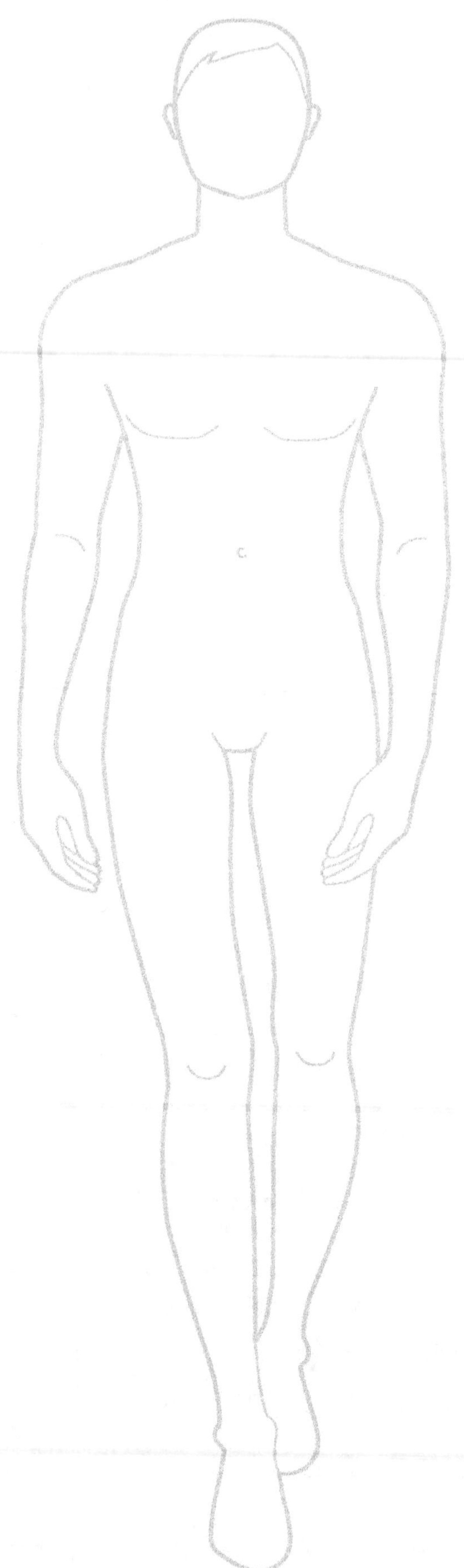

POJECT :
DATE:

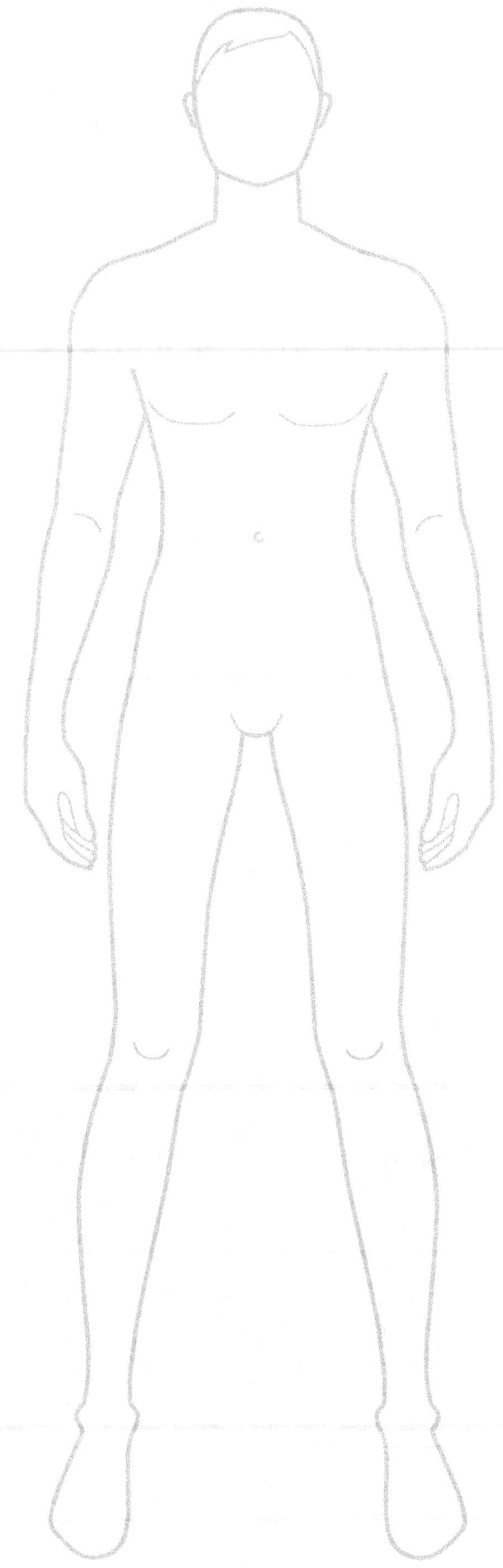

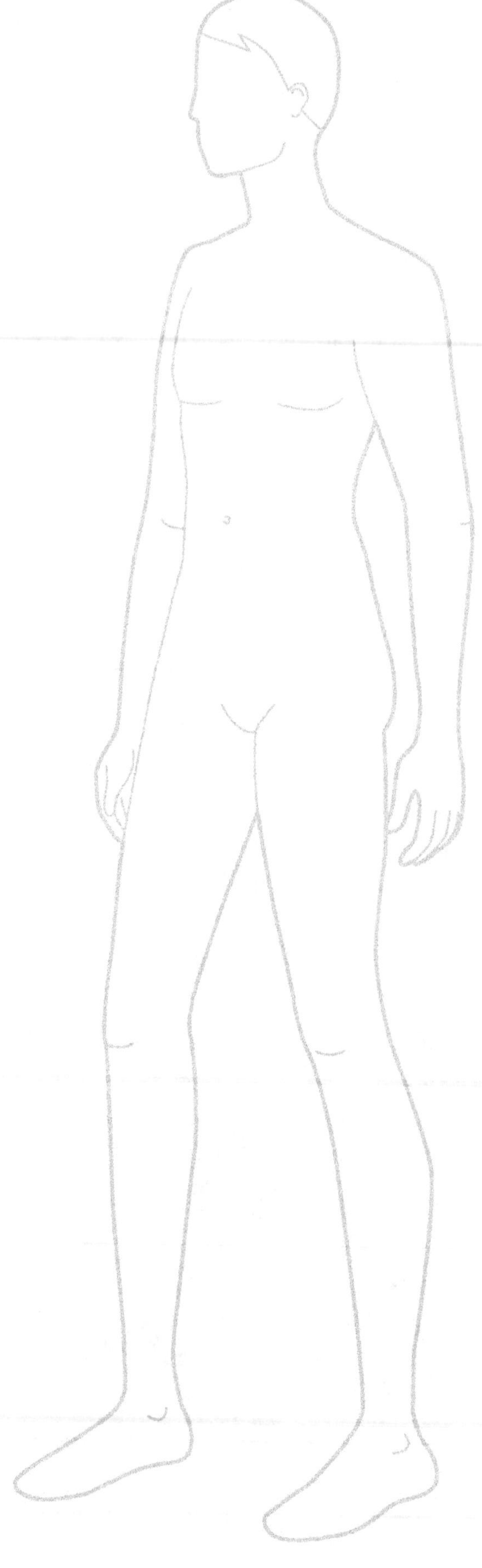

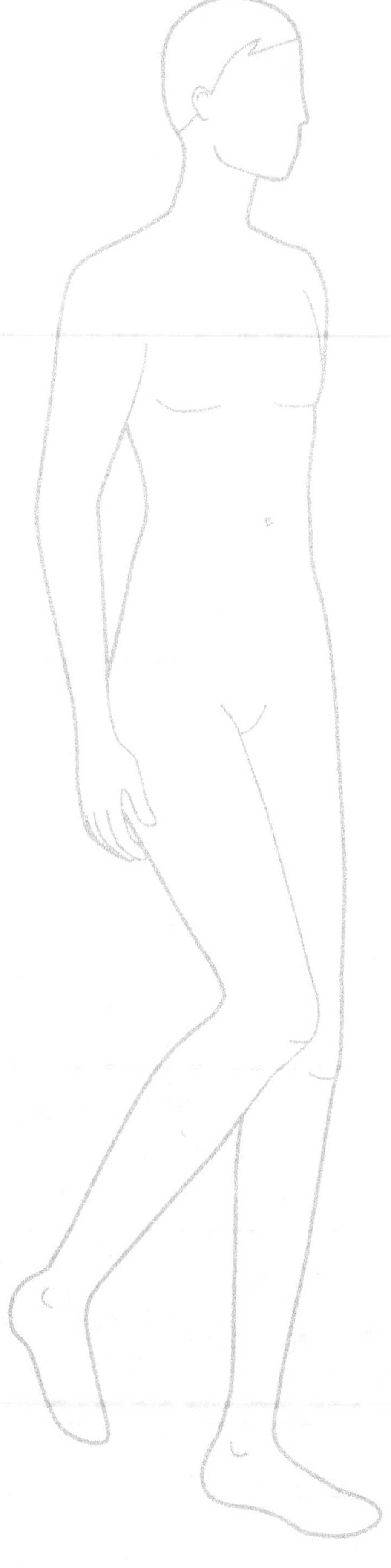

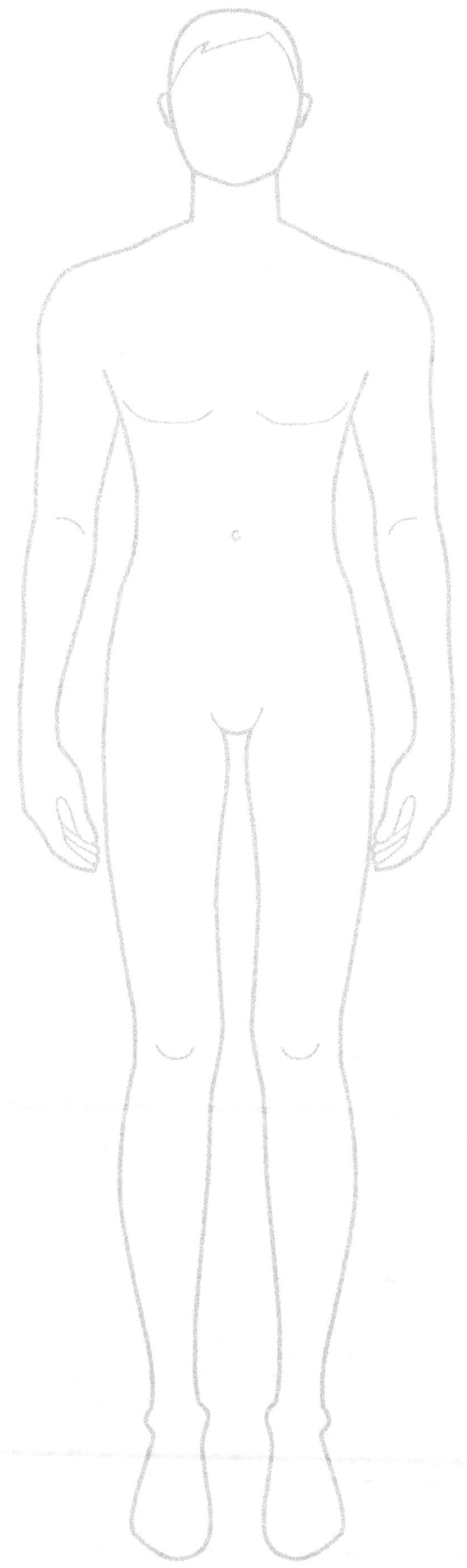

POJECT :

DATE:

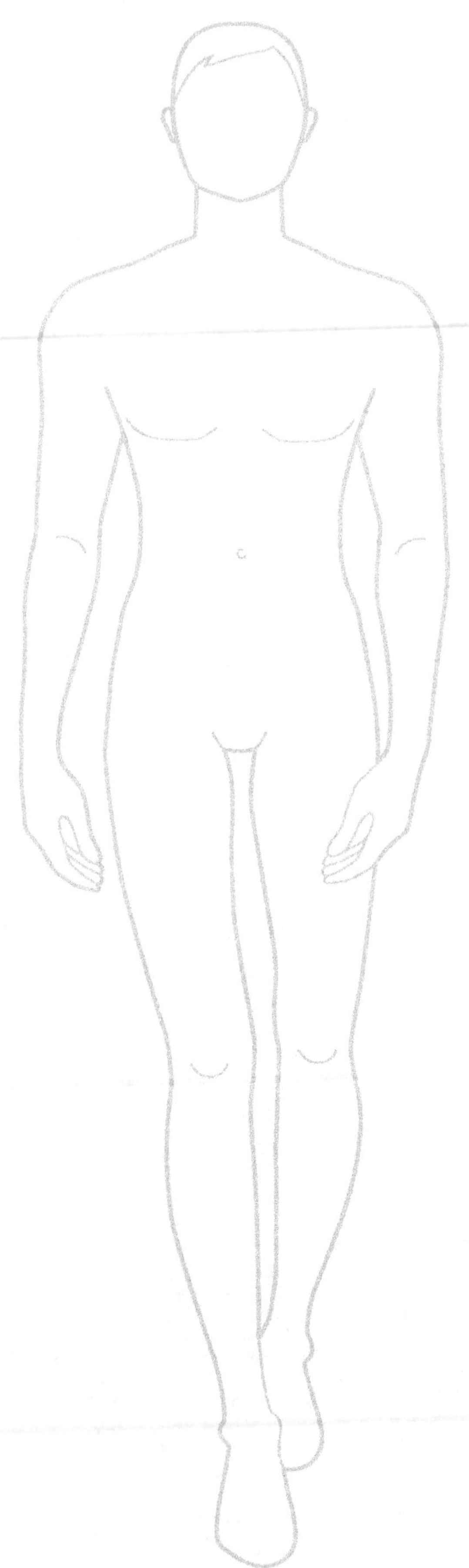

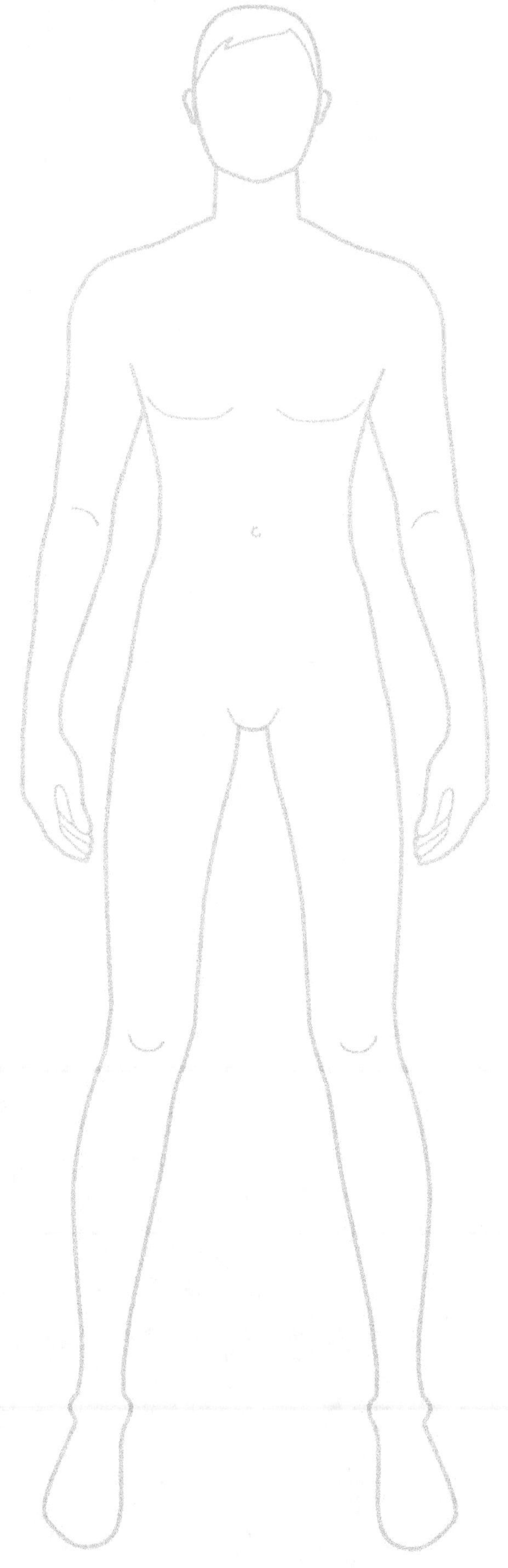

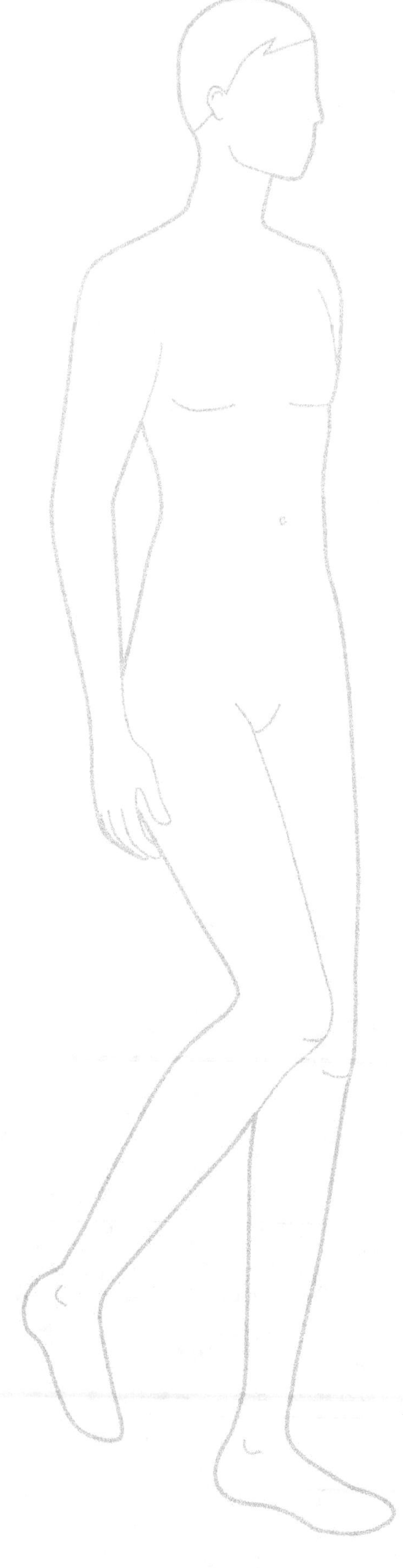

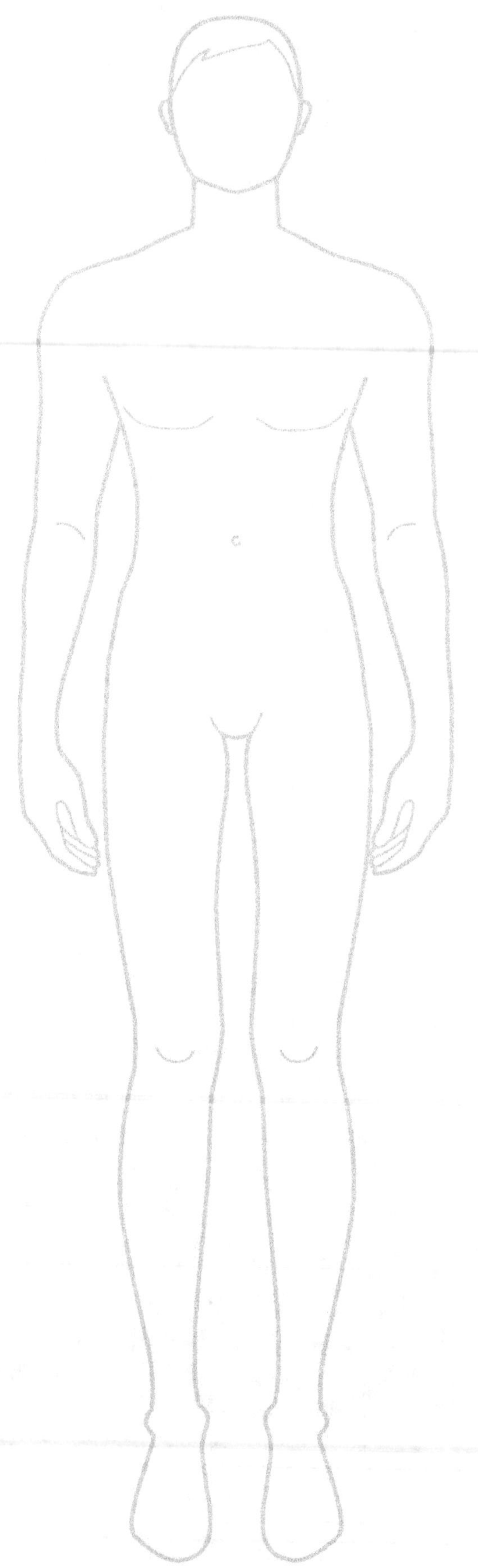

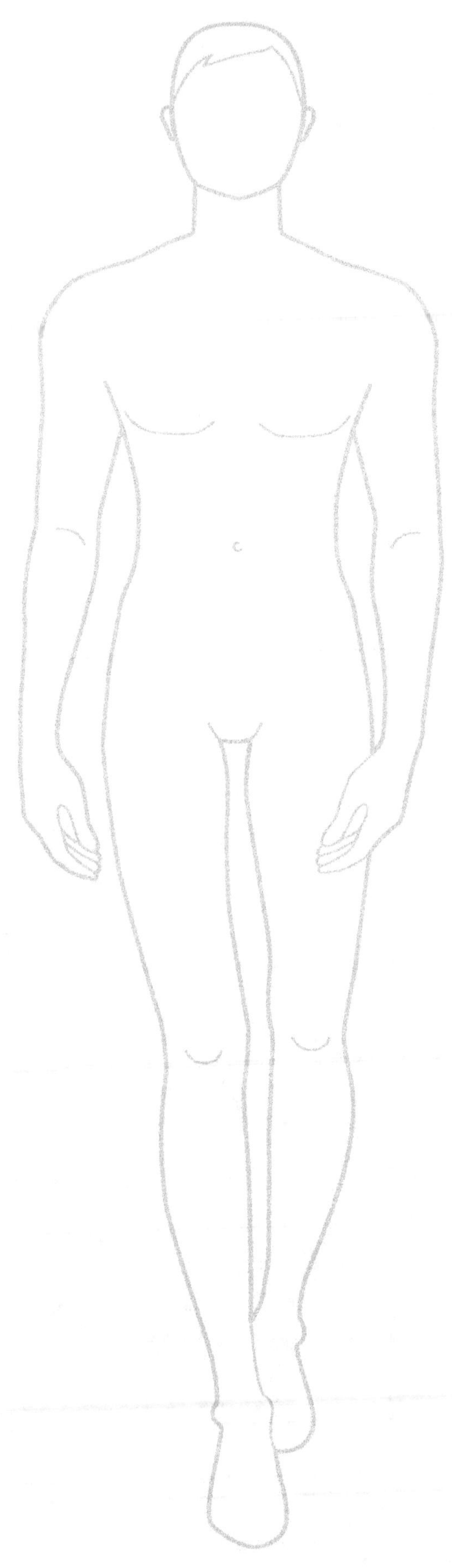

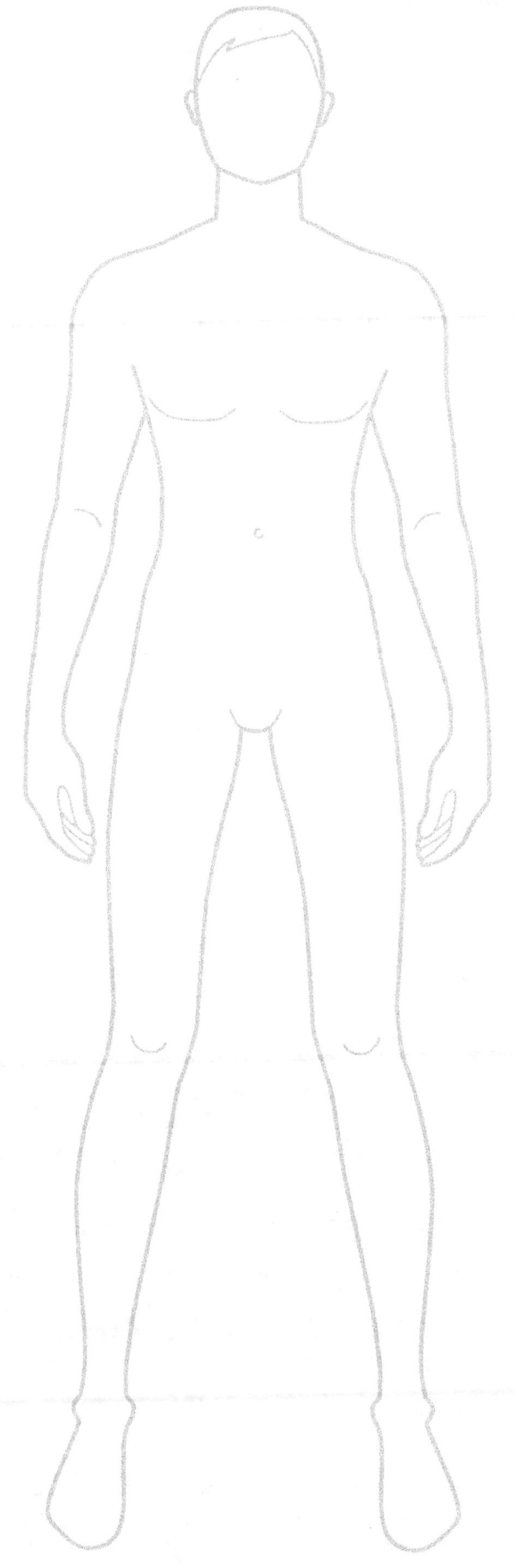

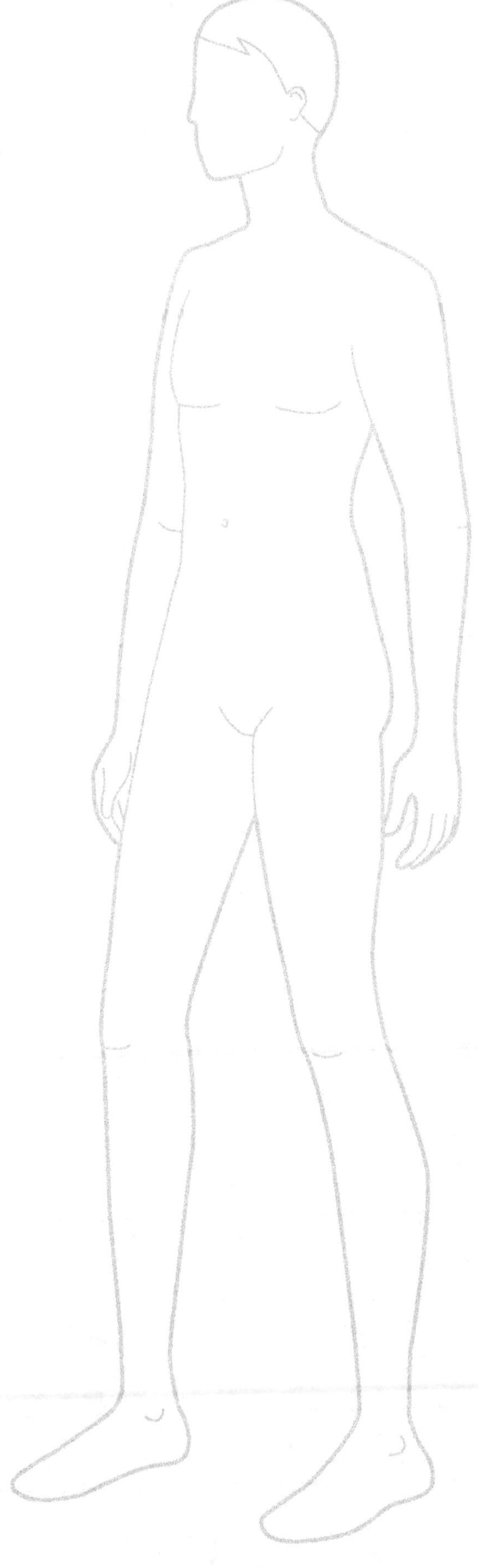

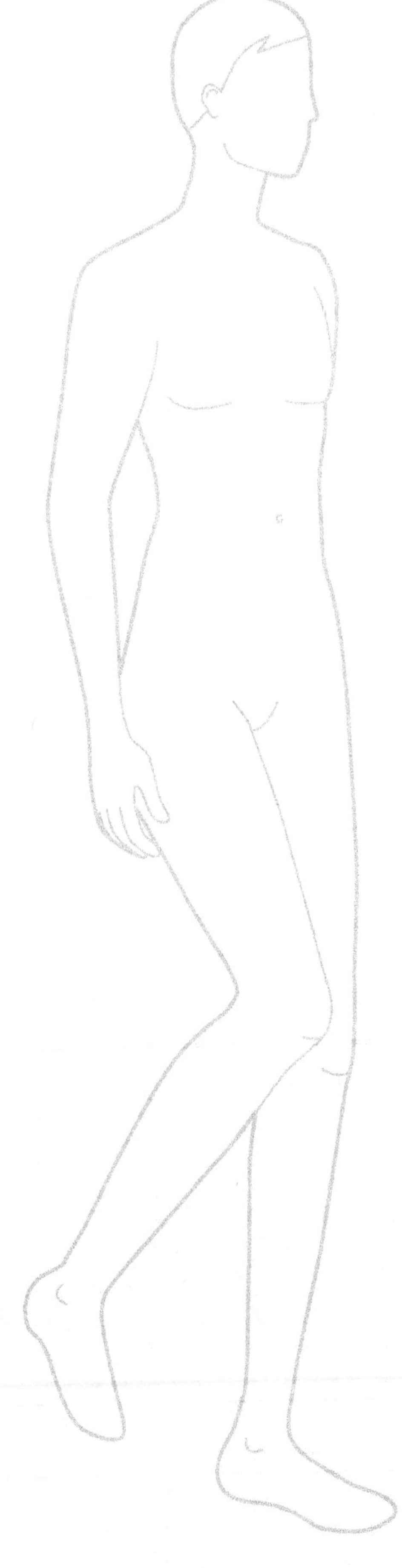

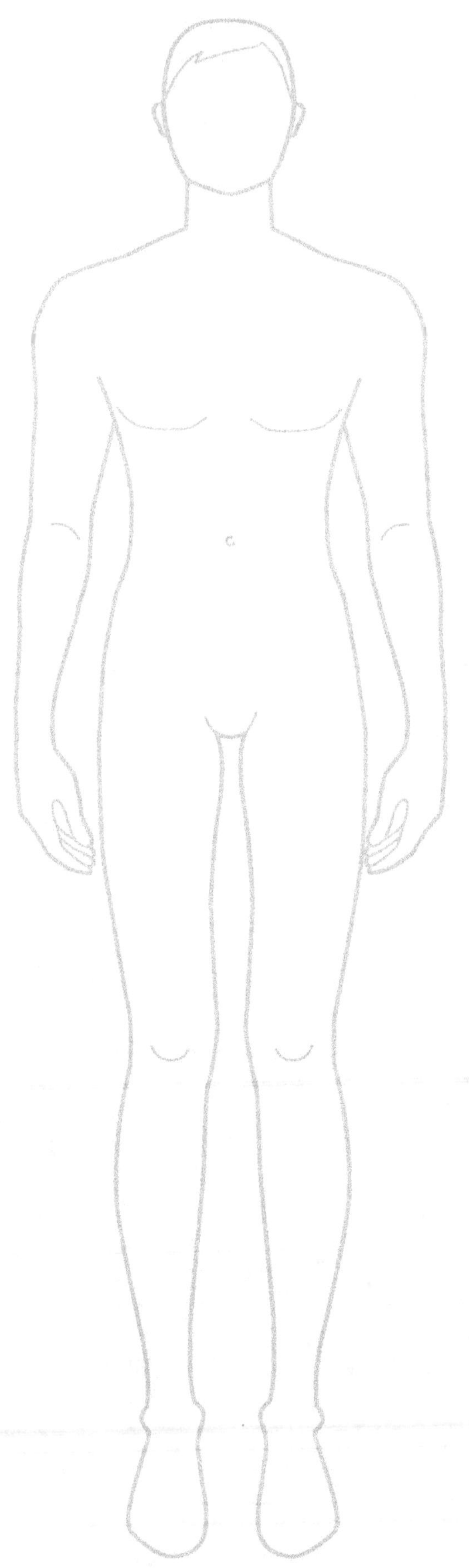

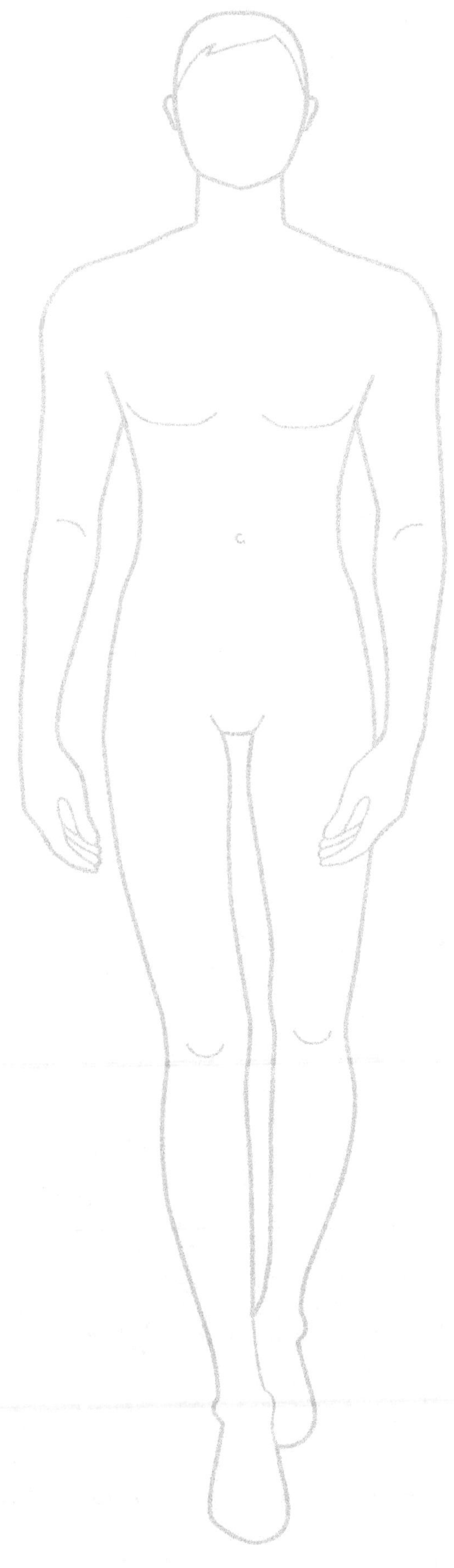

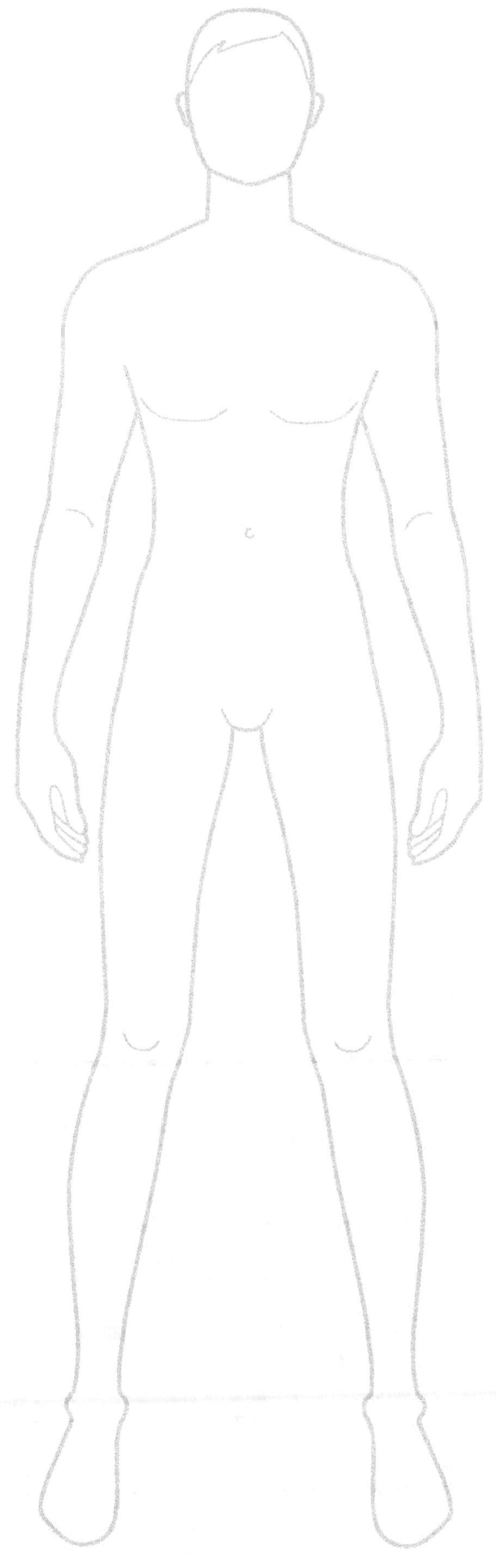

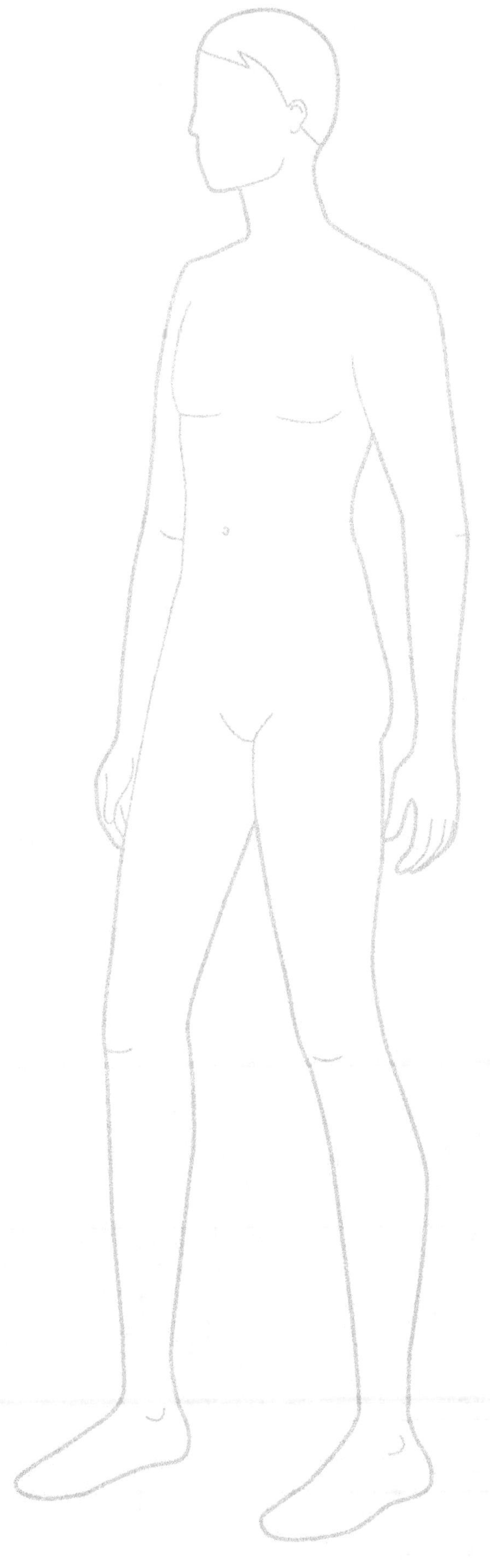

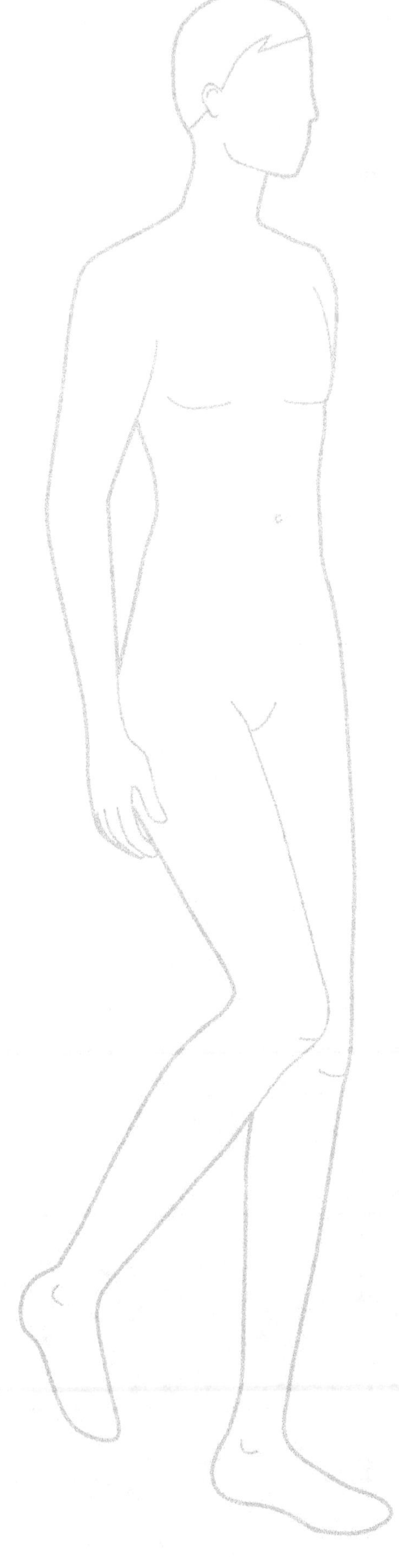

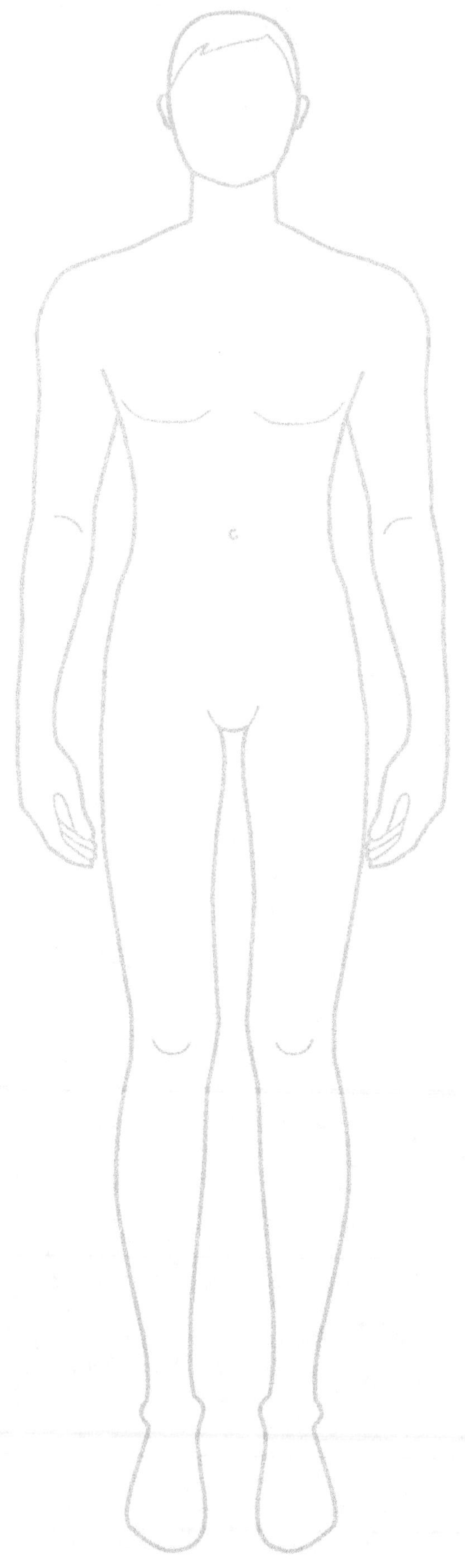

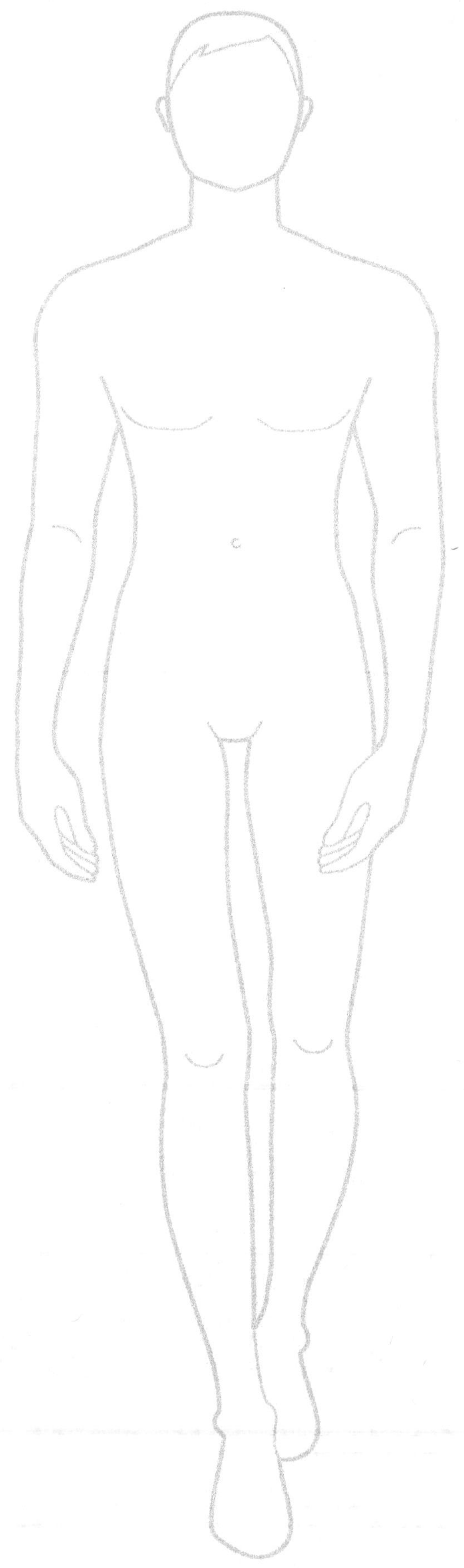

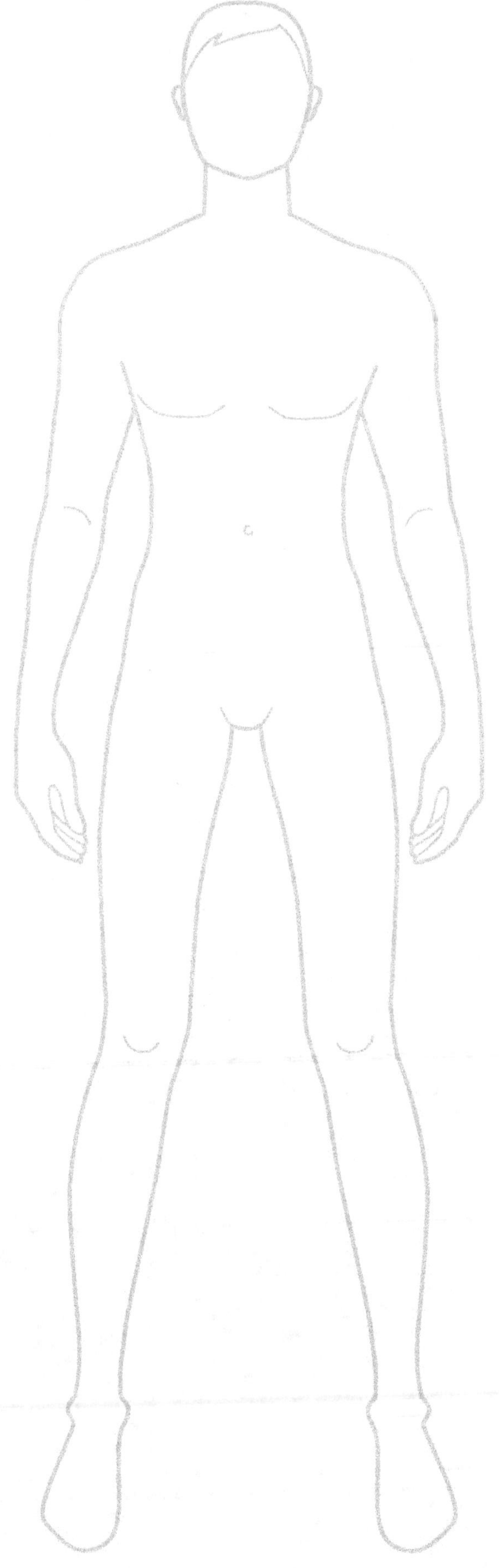

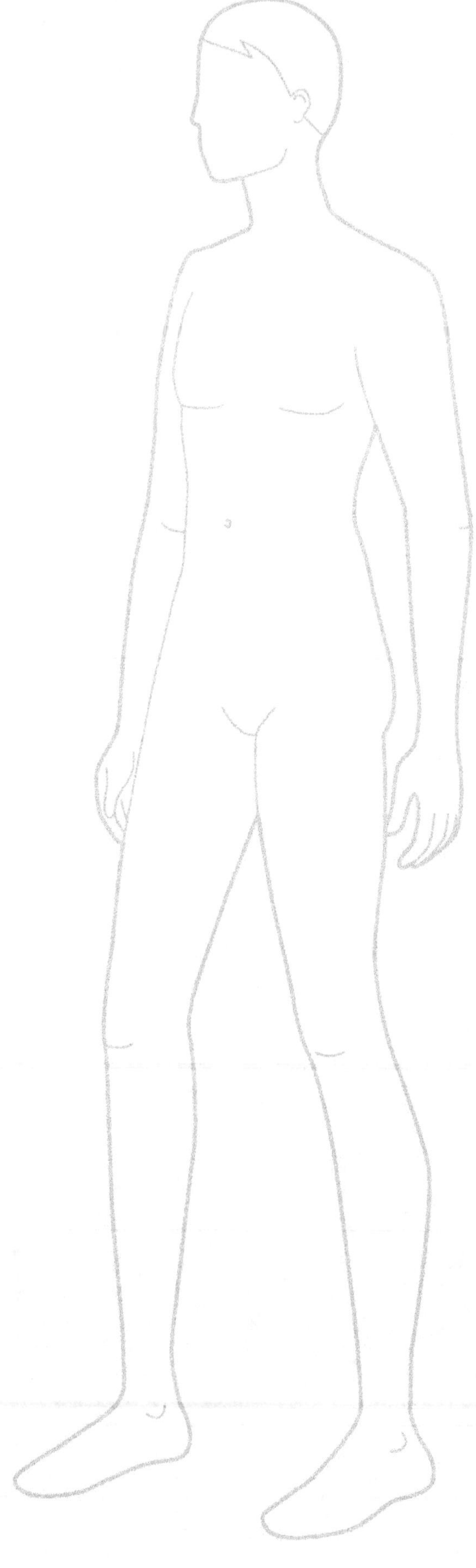

POJECT :
DATE:

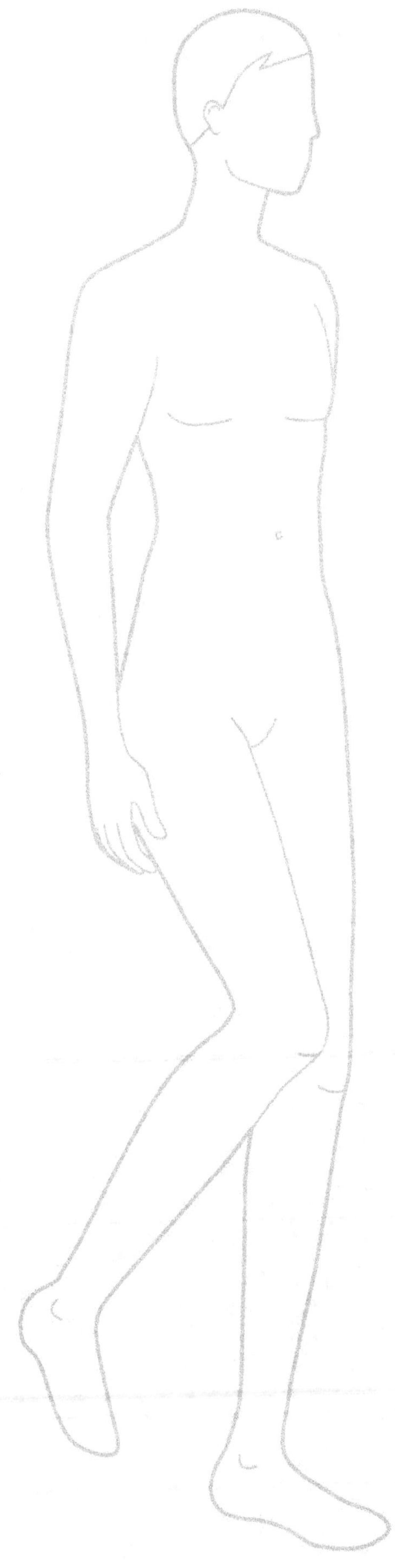

POJECT :
DATE:

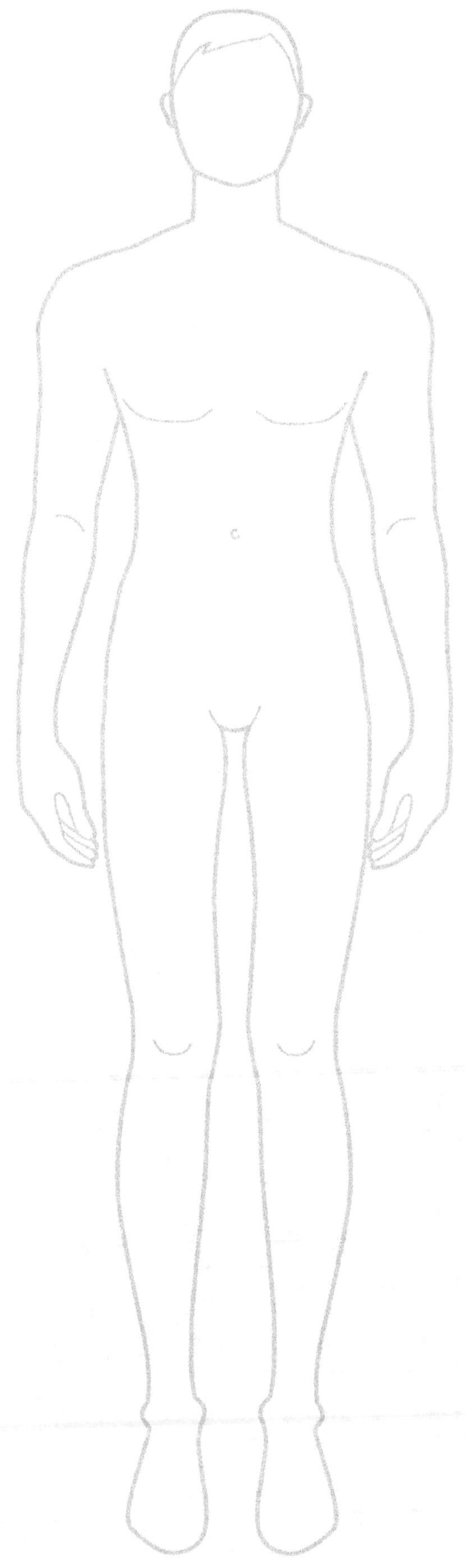

POJECT :
DATE:

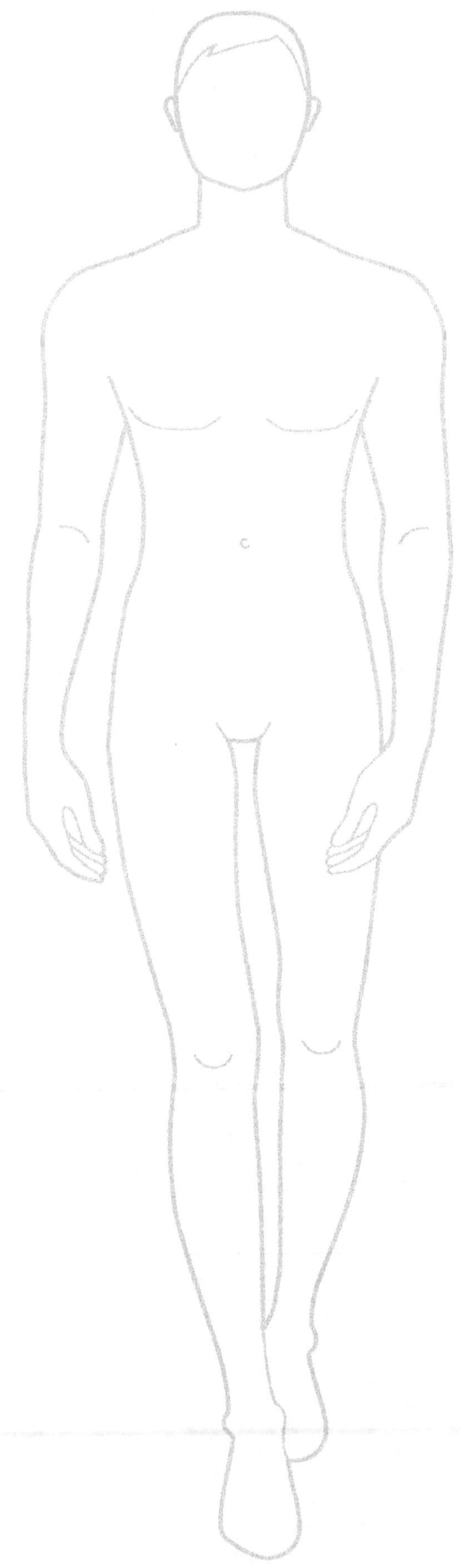

POJECT :
DATE:

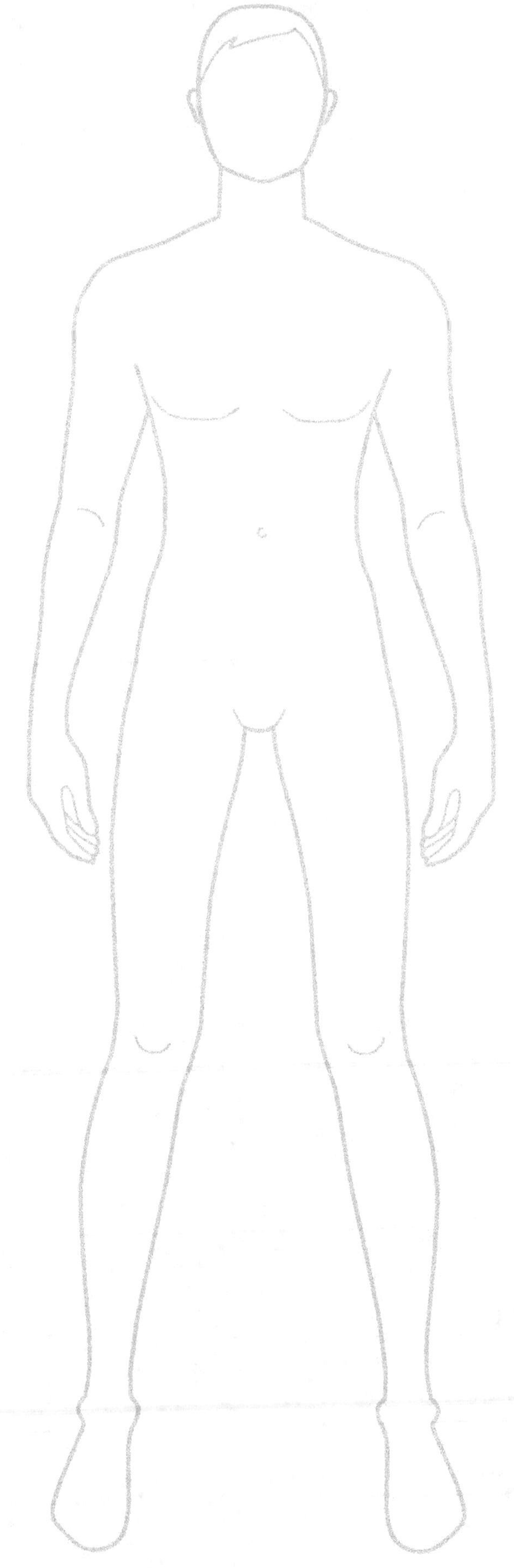

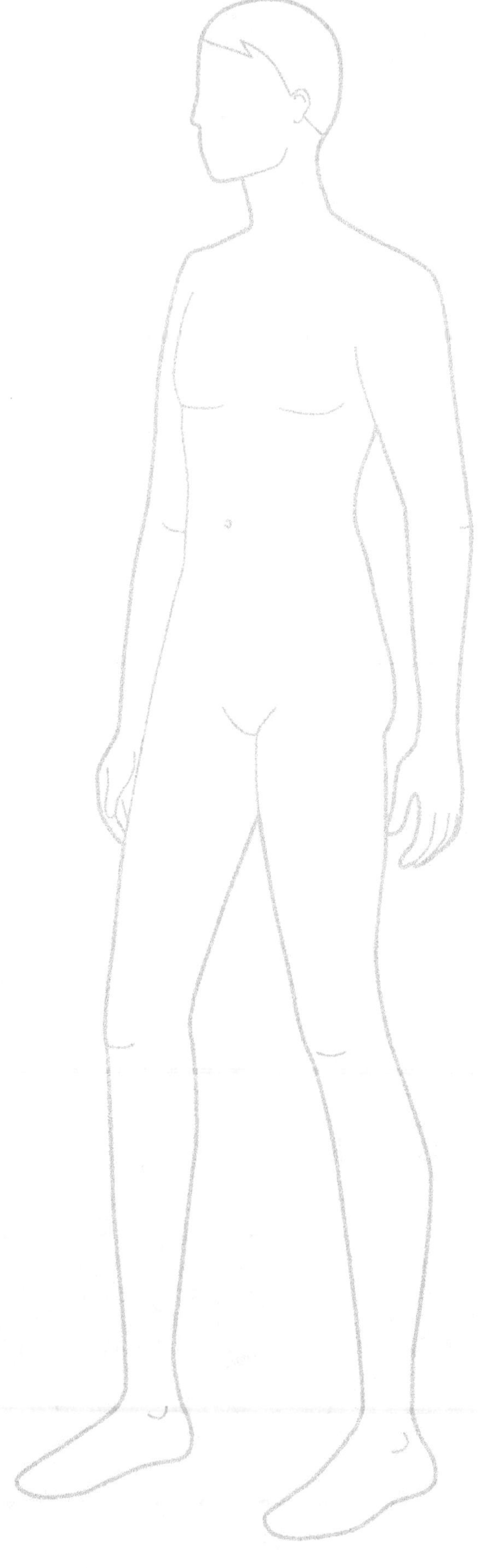

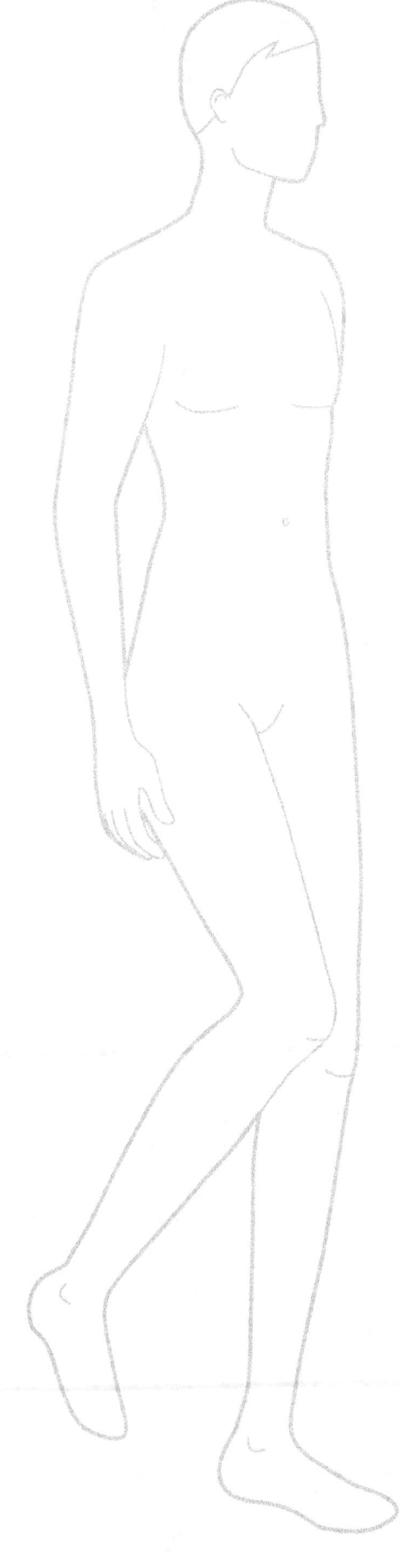

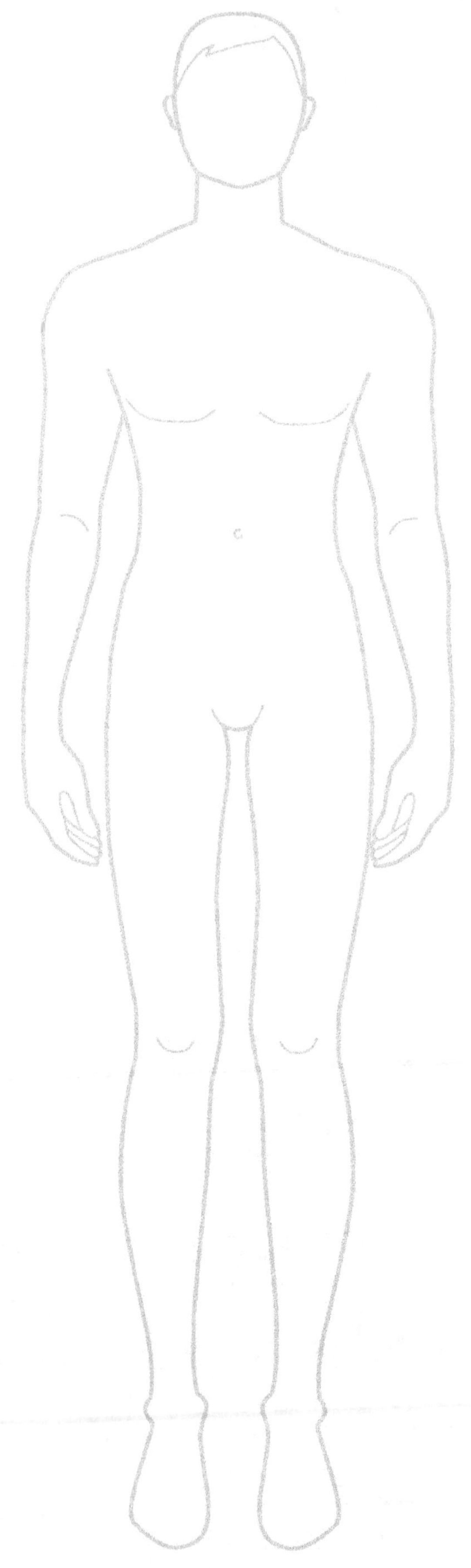

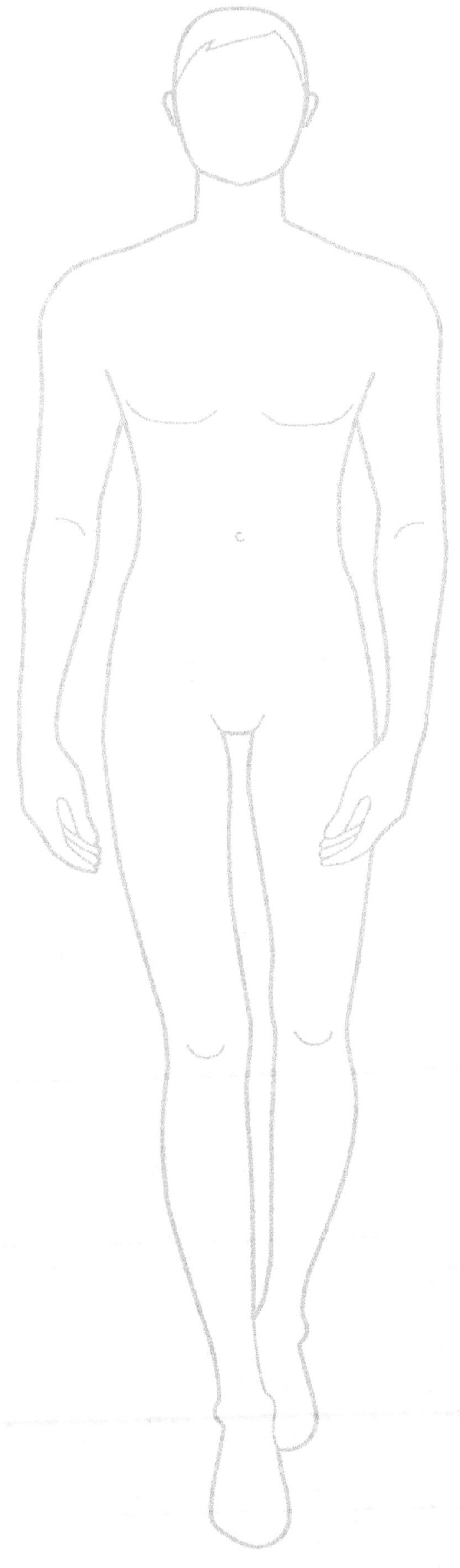

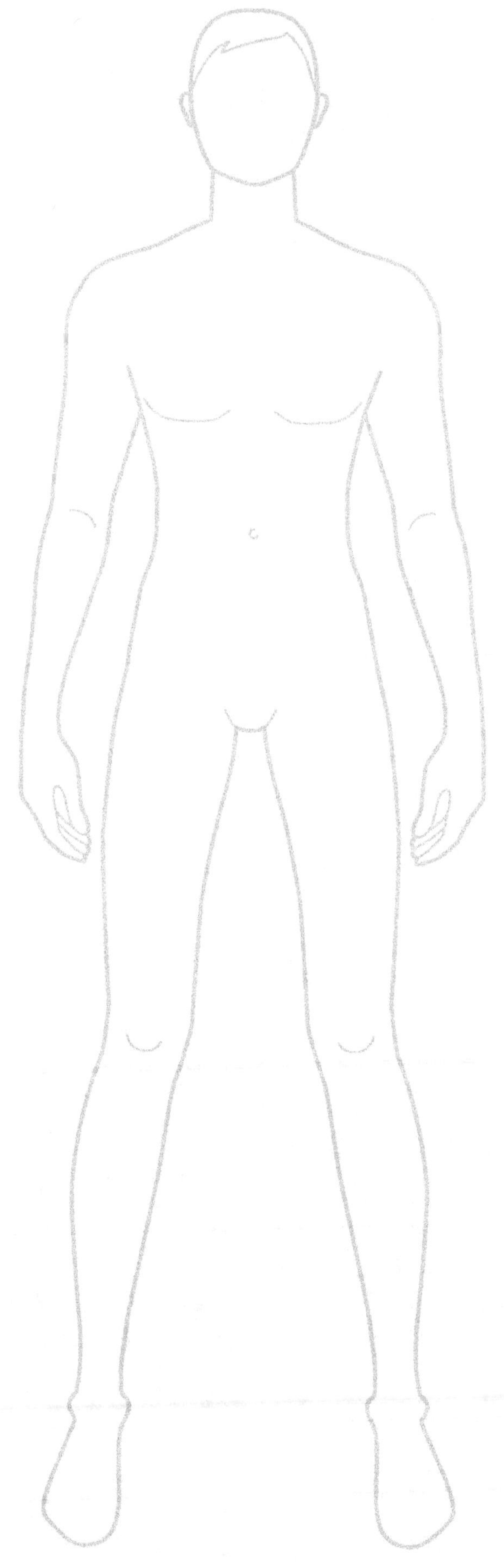

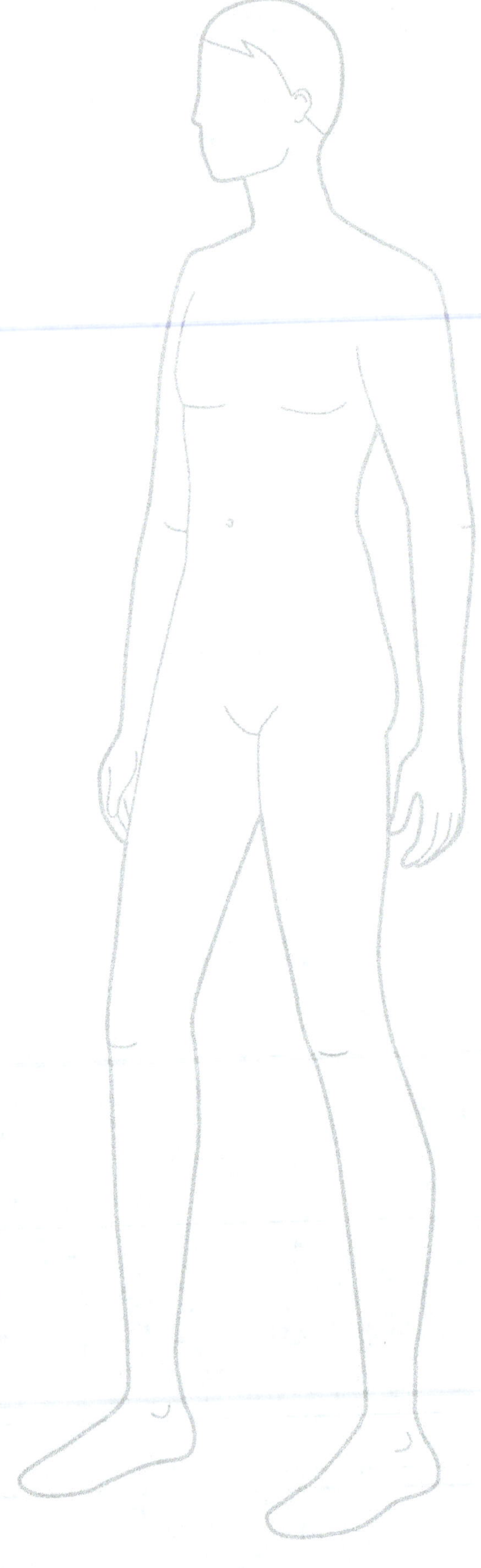

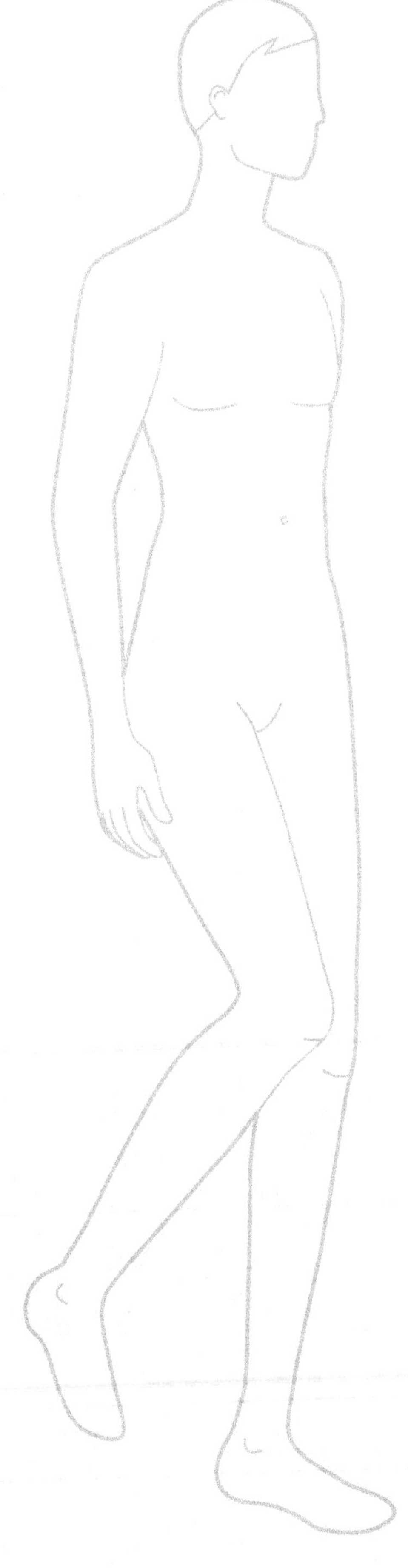

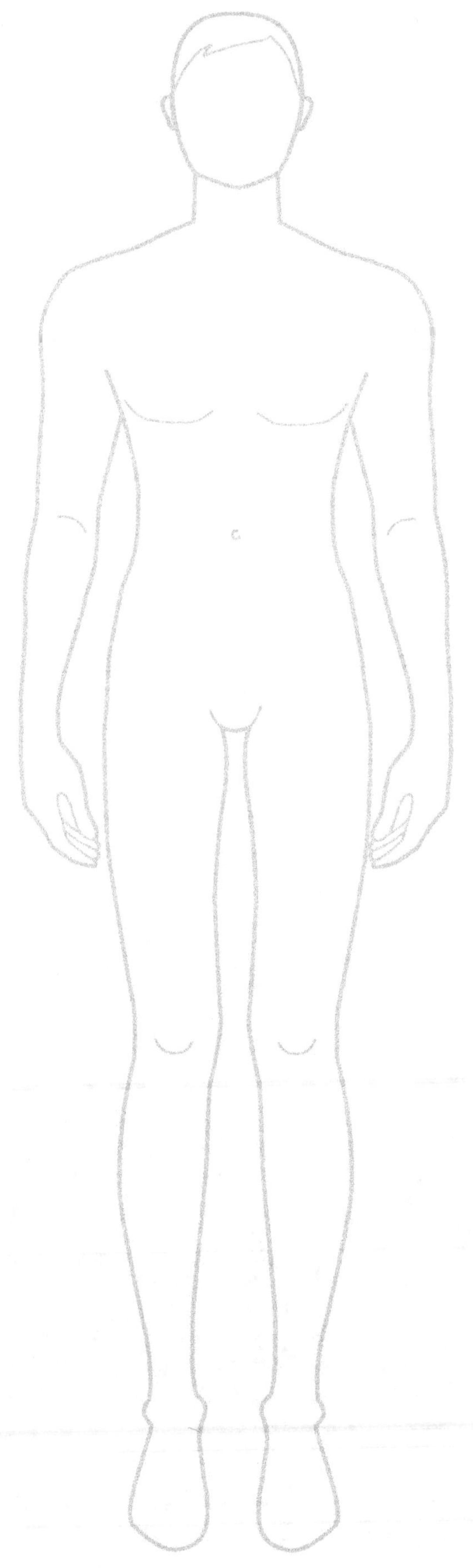

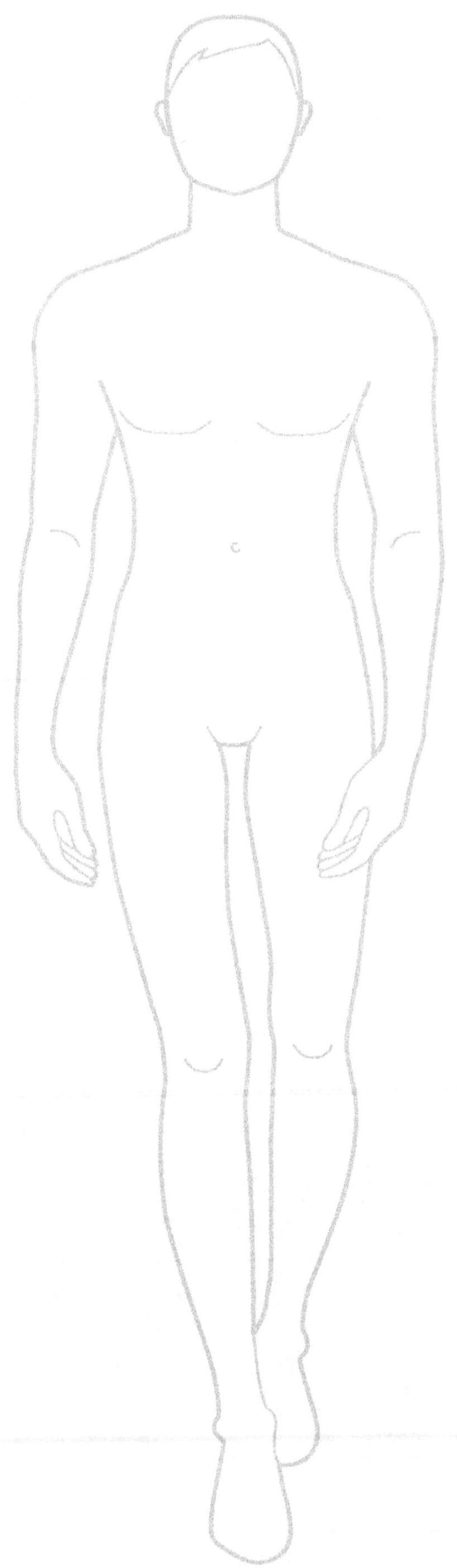

POJECT :   DATE:

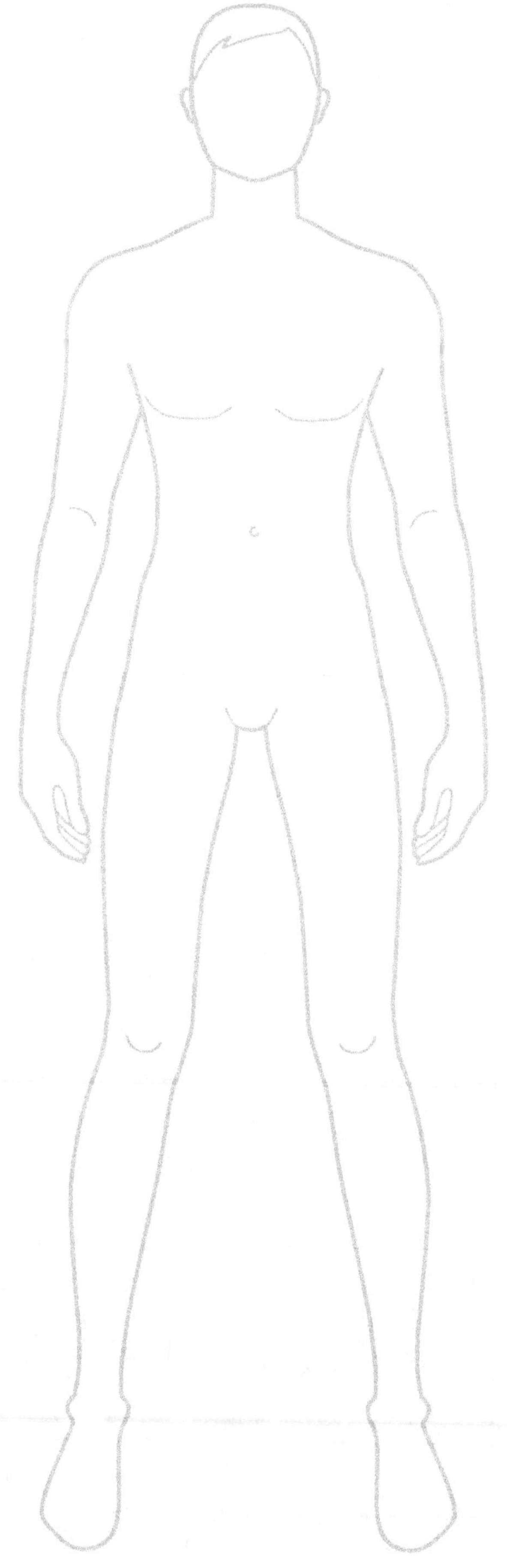

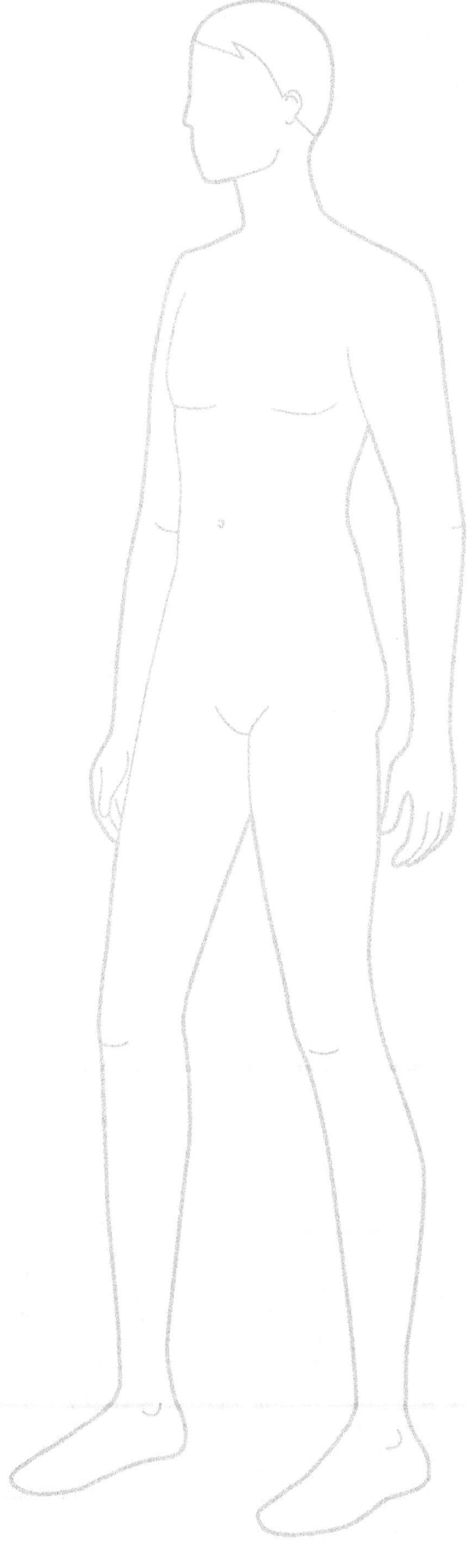

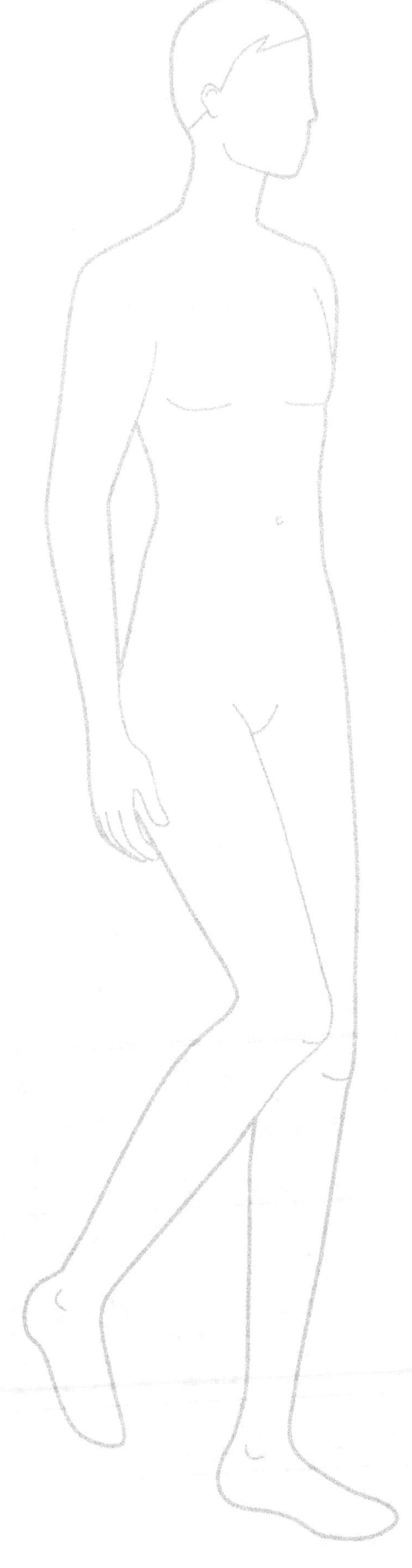

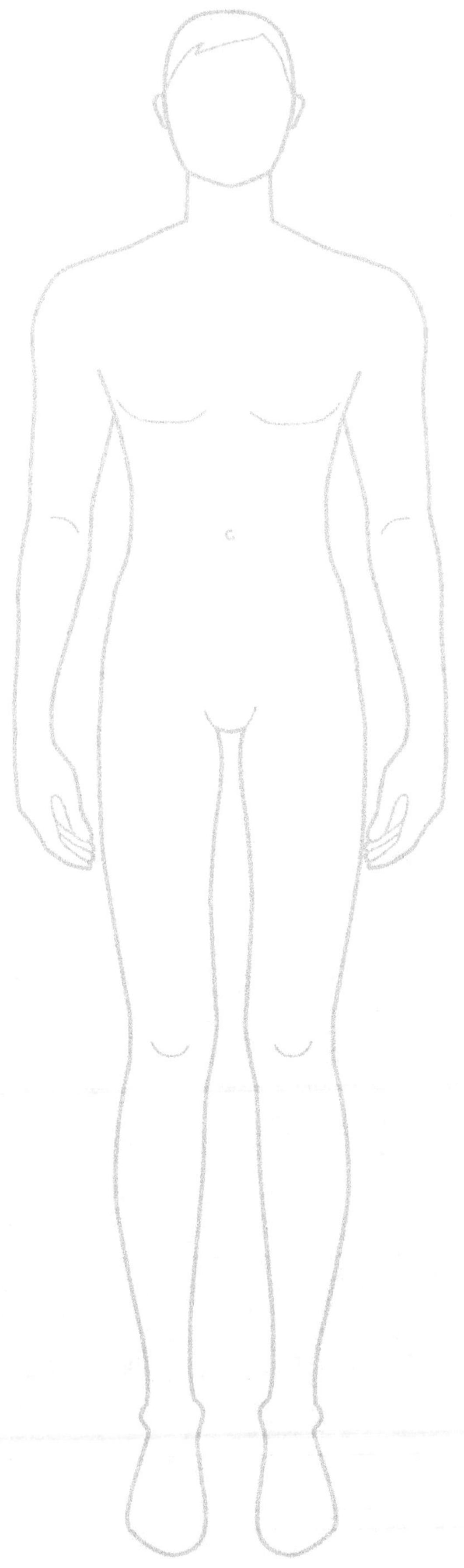

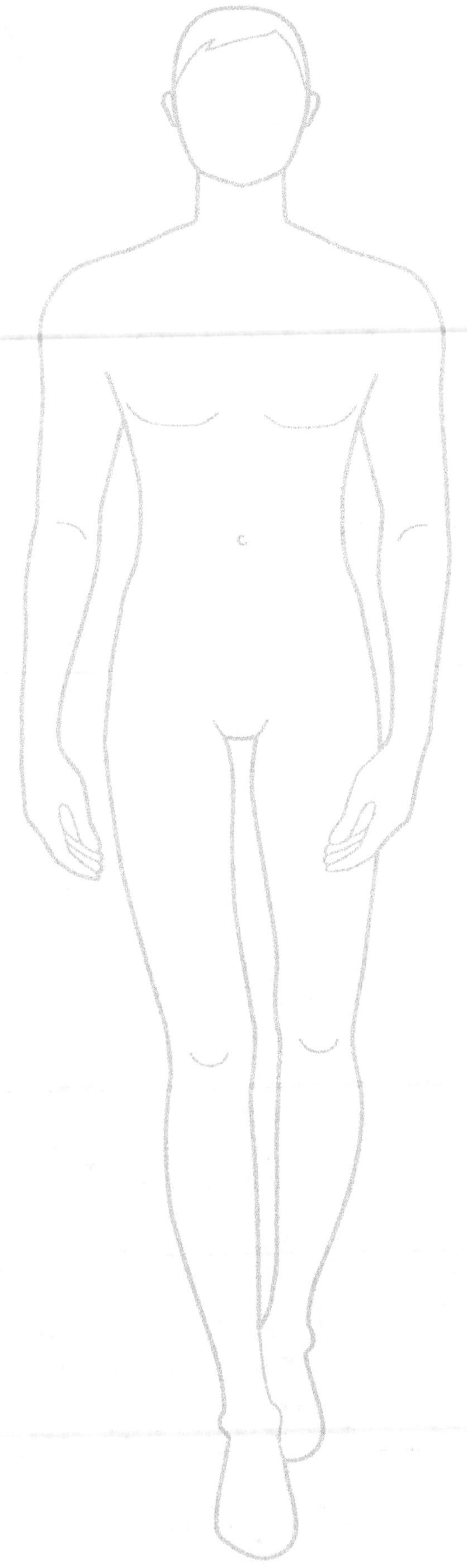

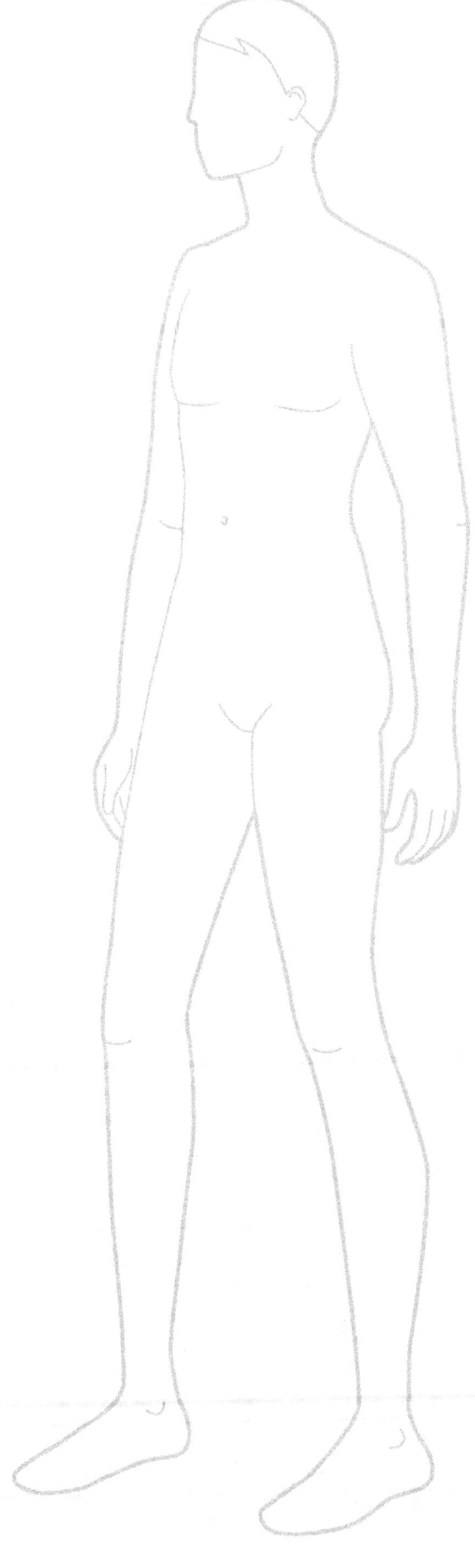

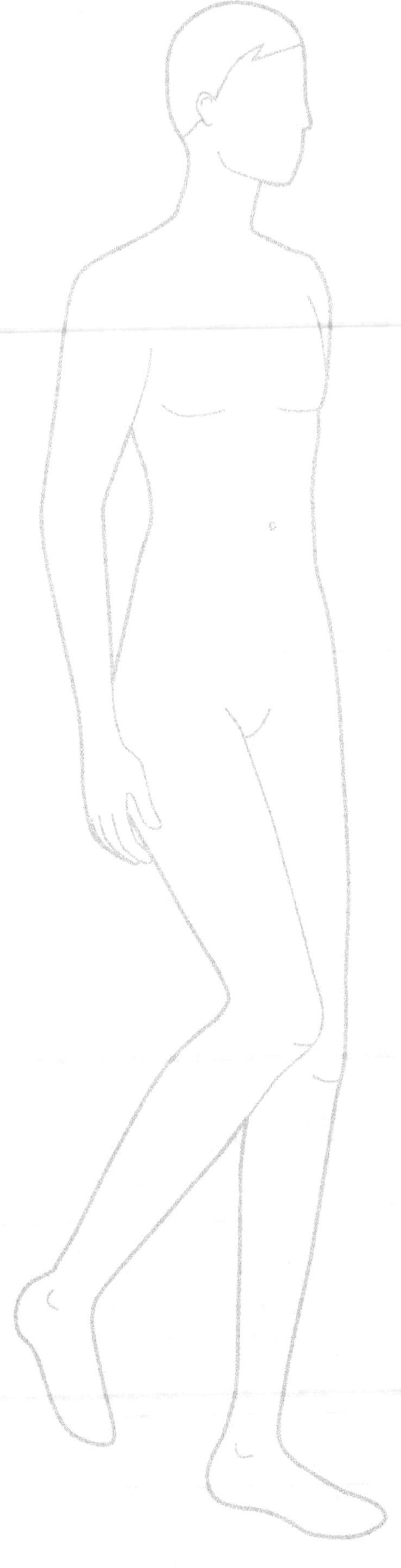

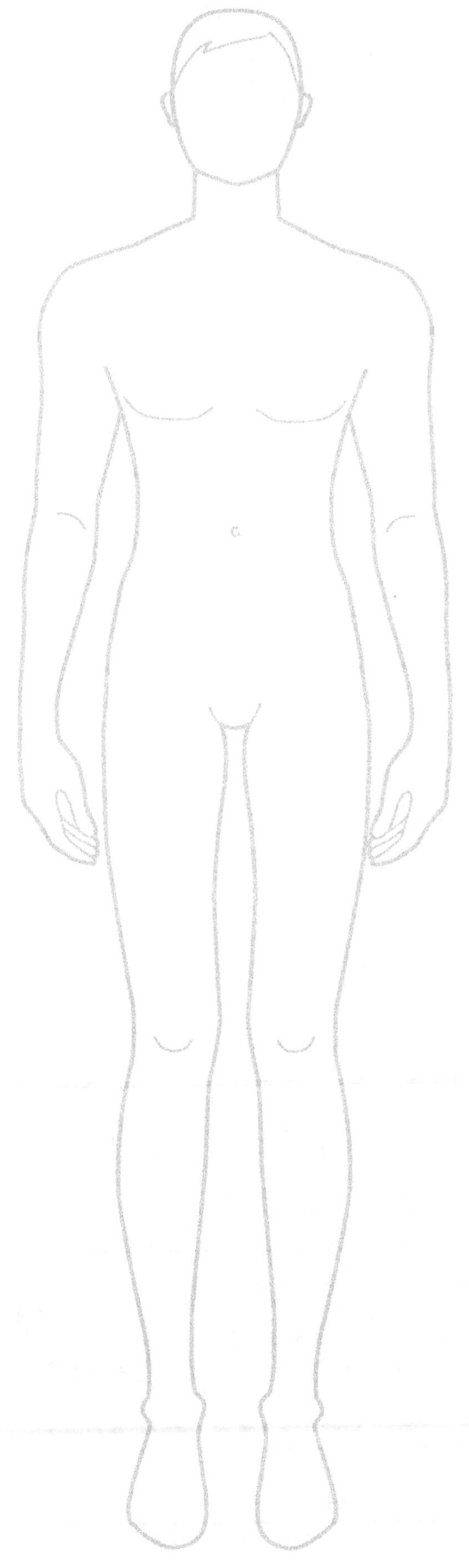

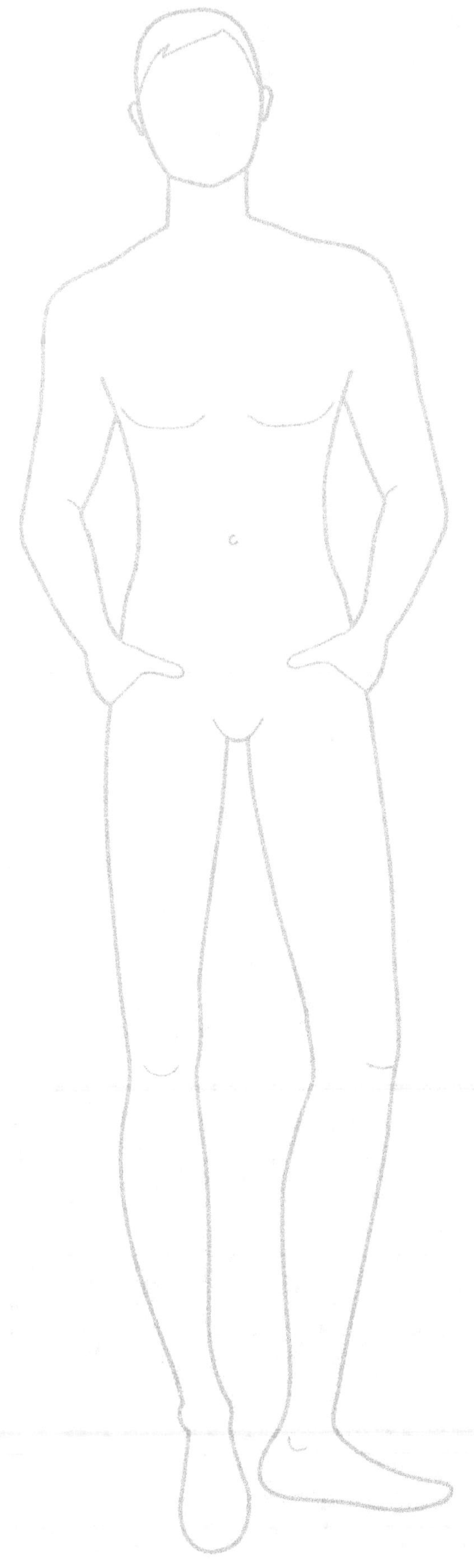

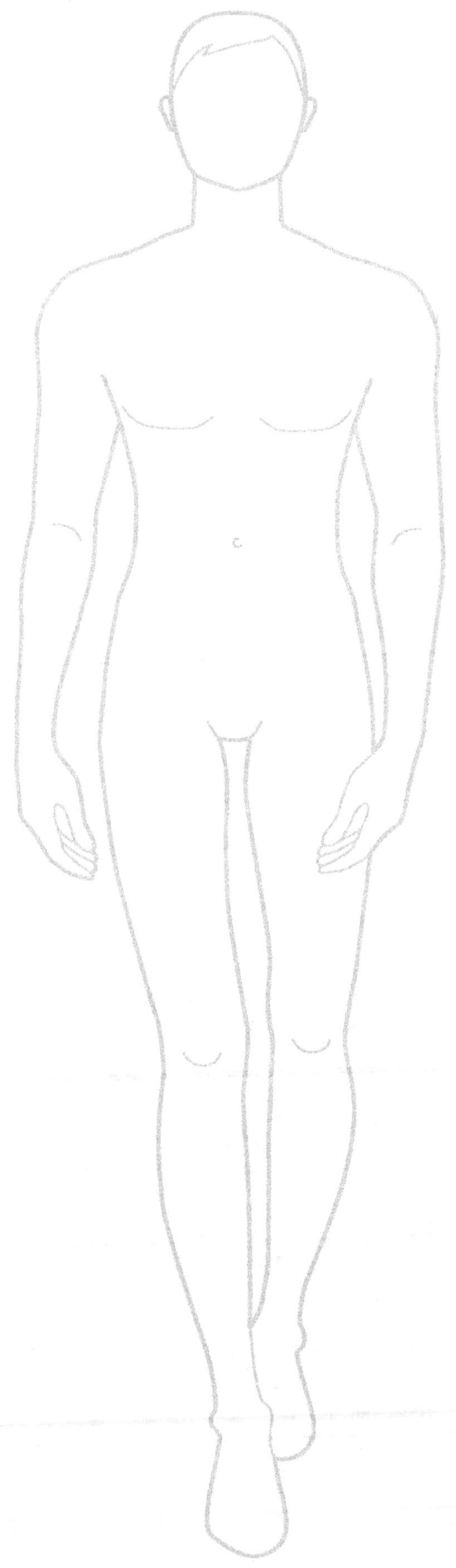

POJECT :
DATE:

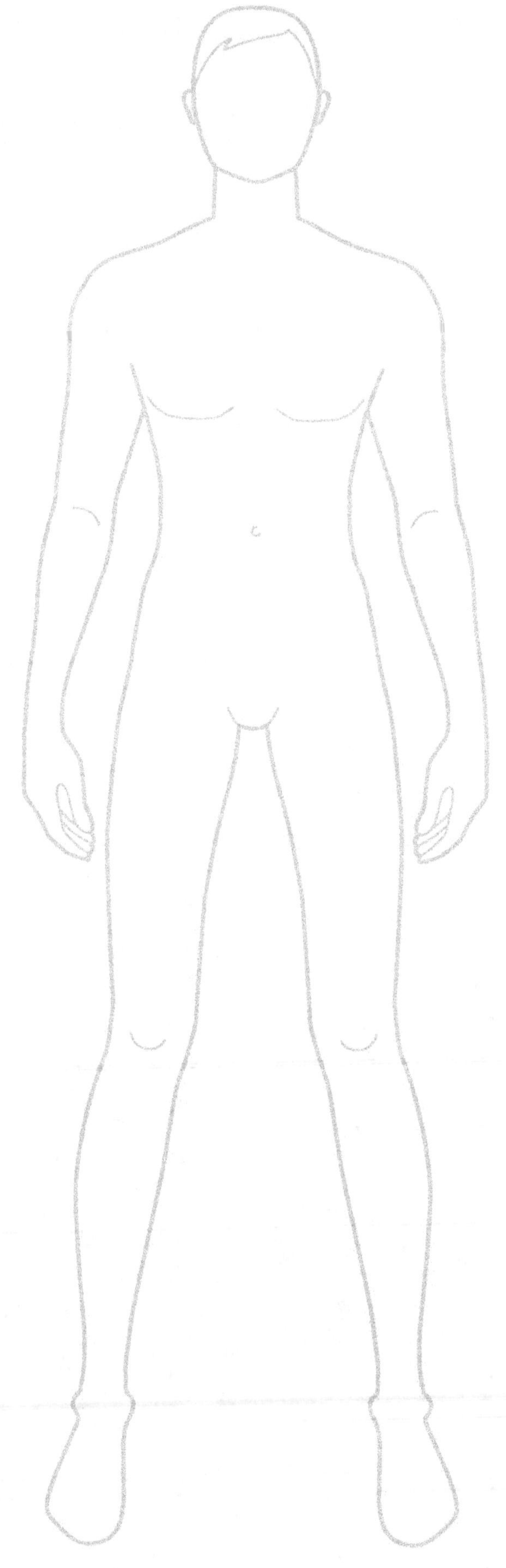

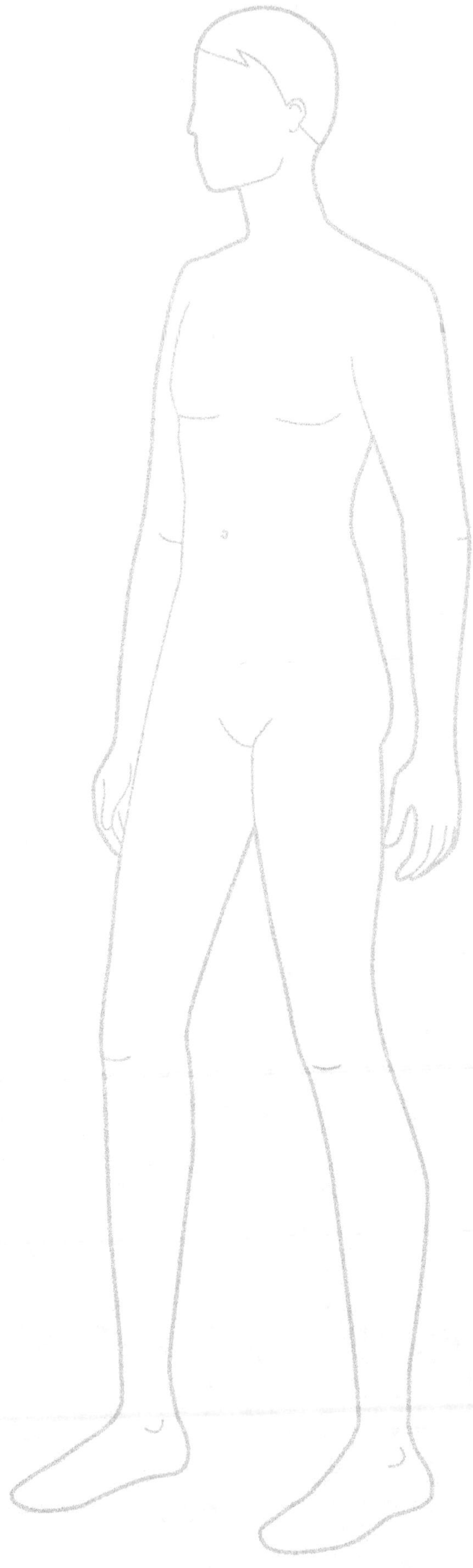

POJECT :
DATE:

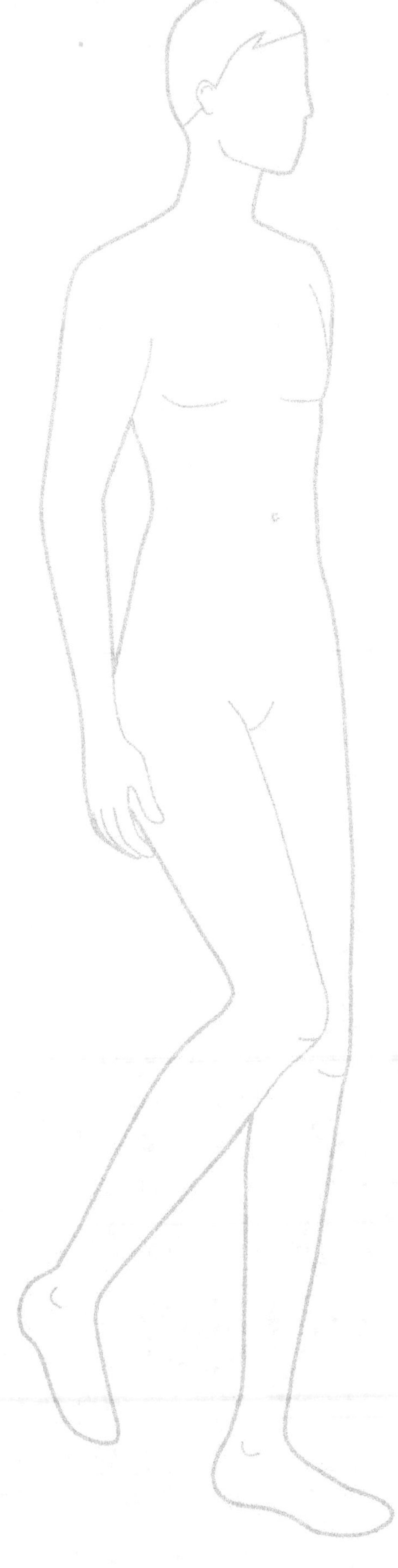

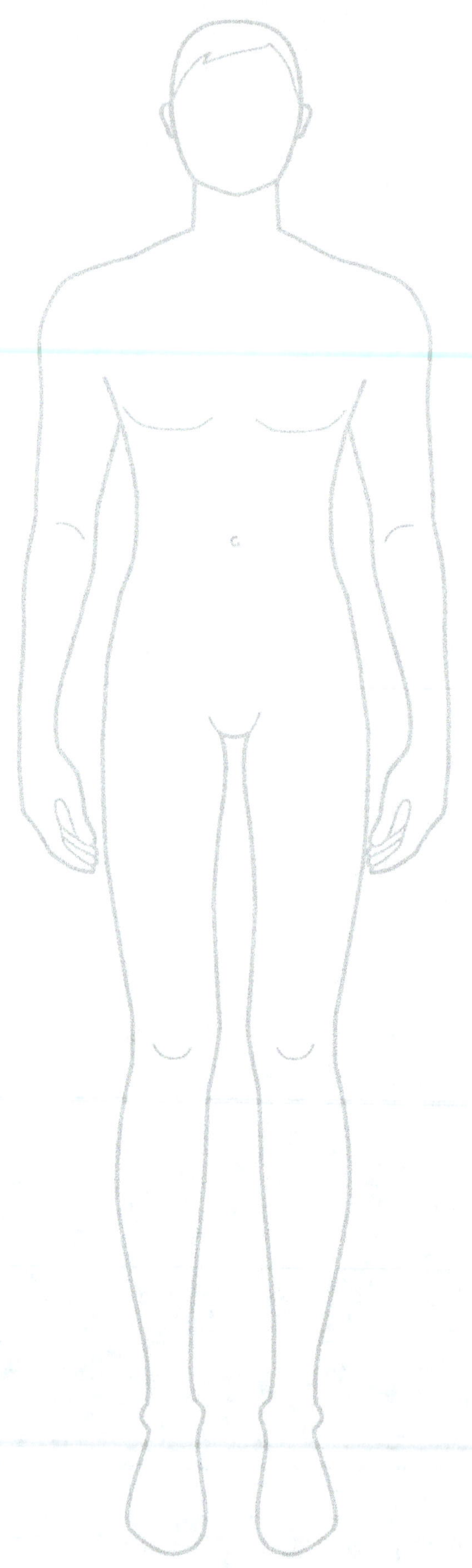

POJECT :
DATE:

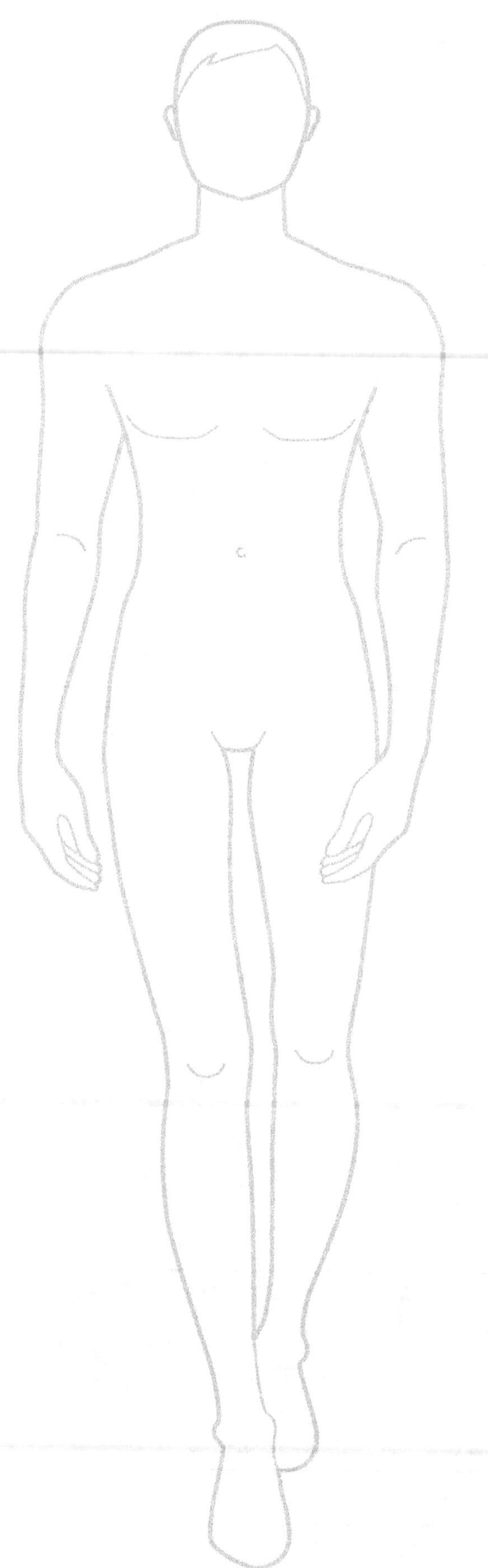

POJECT :
DATE:

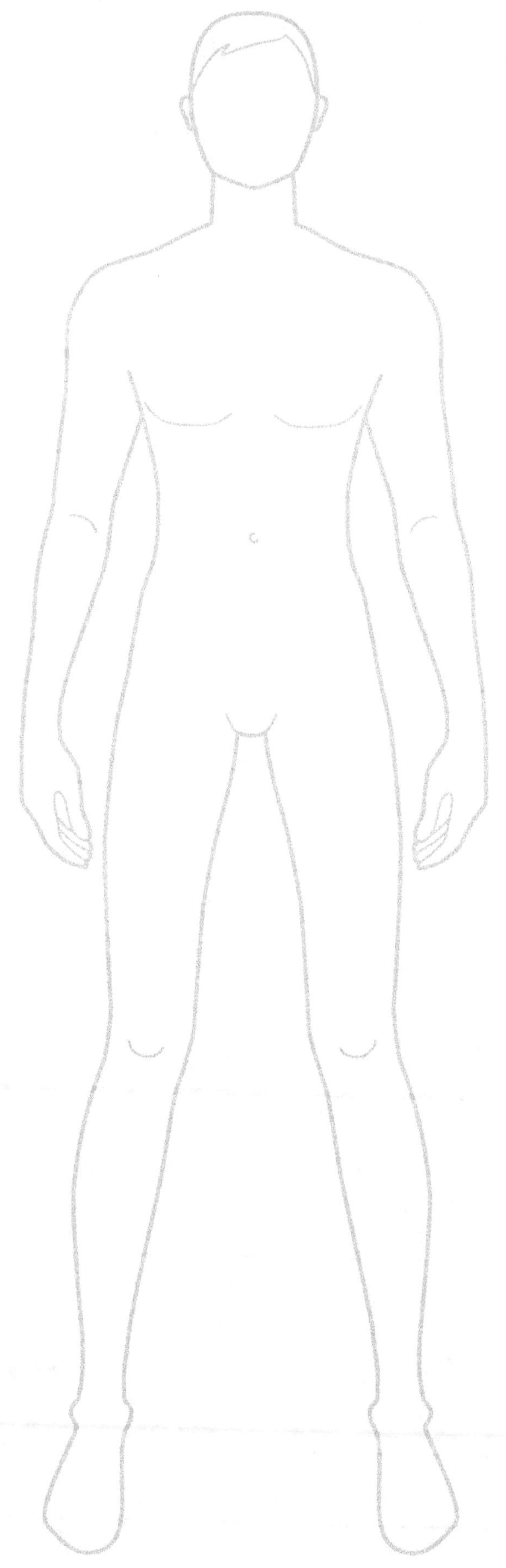

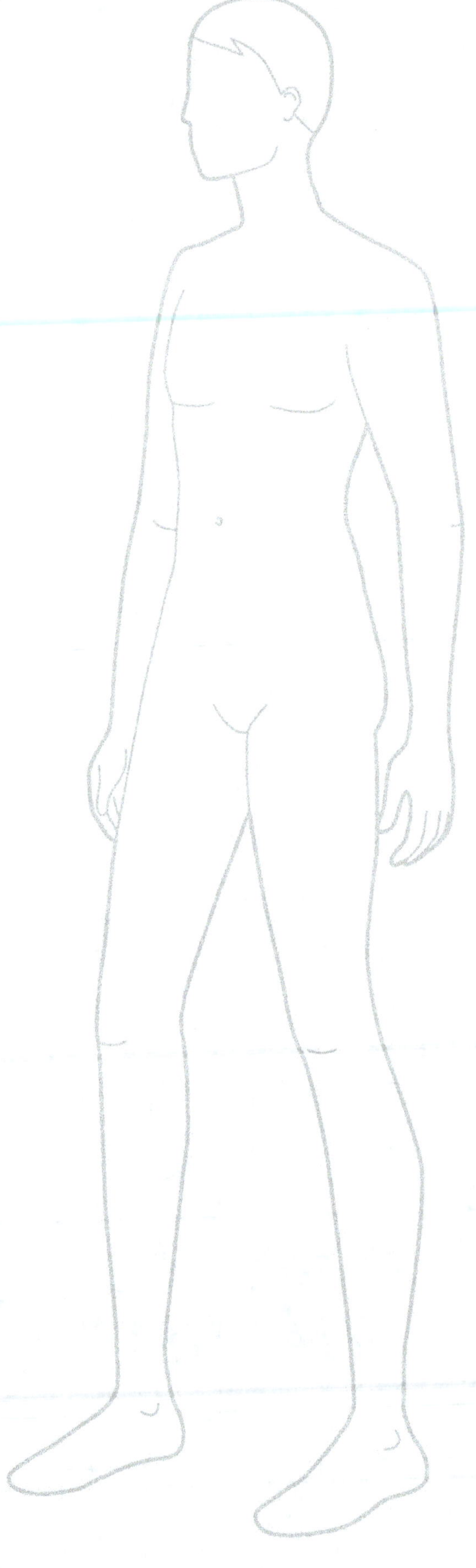

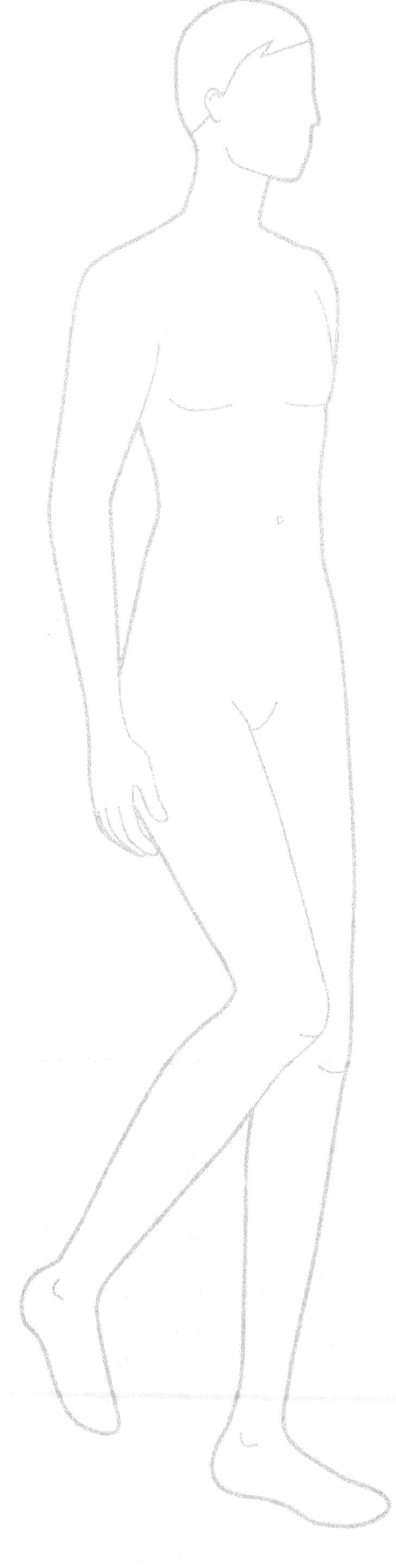

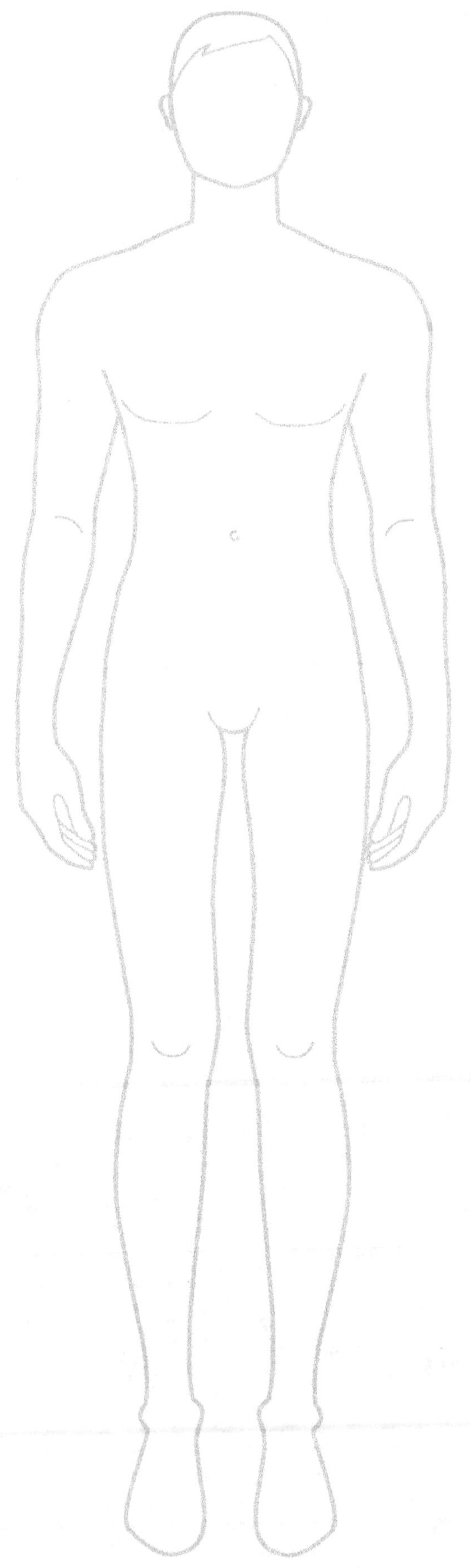

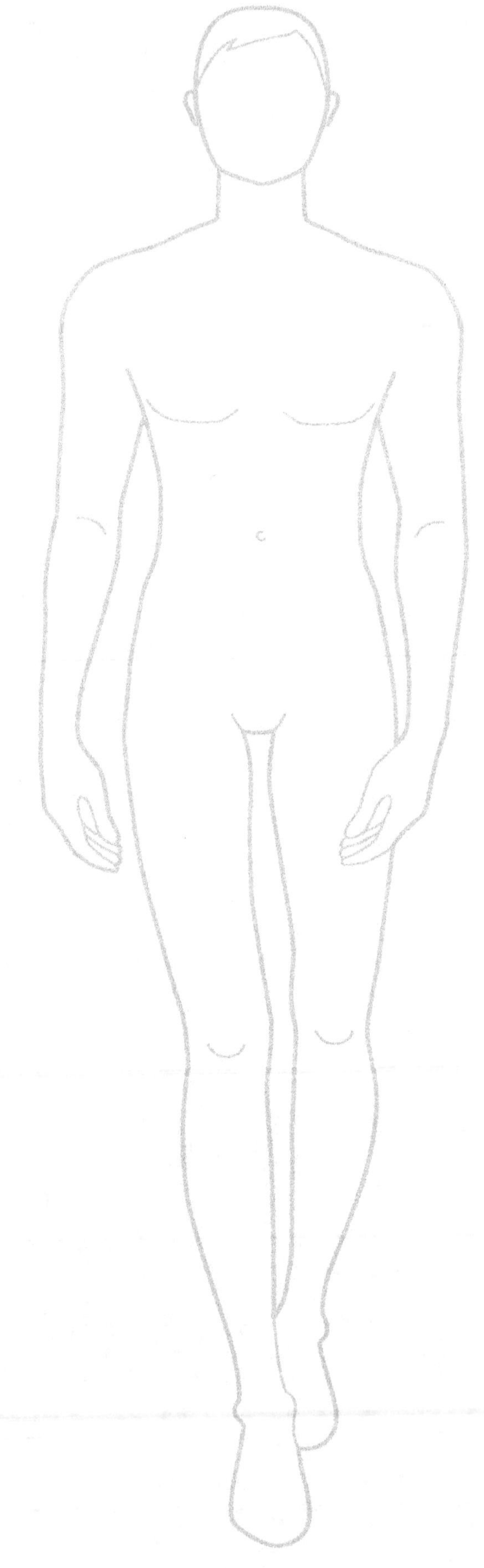

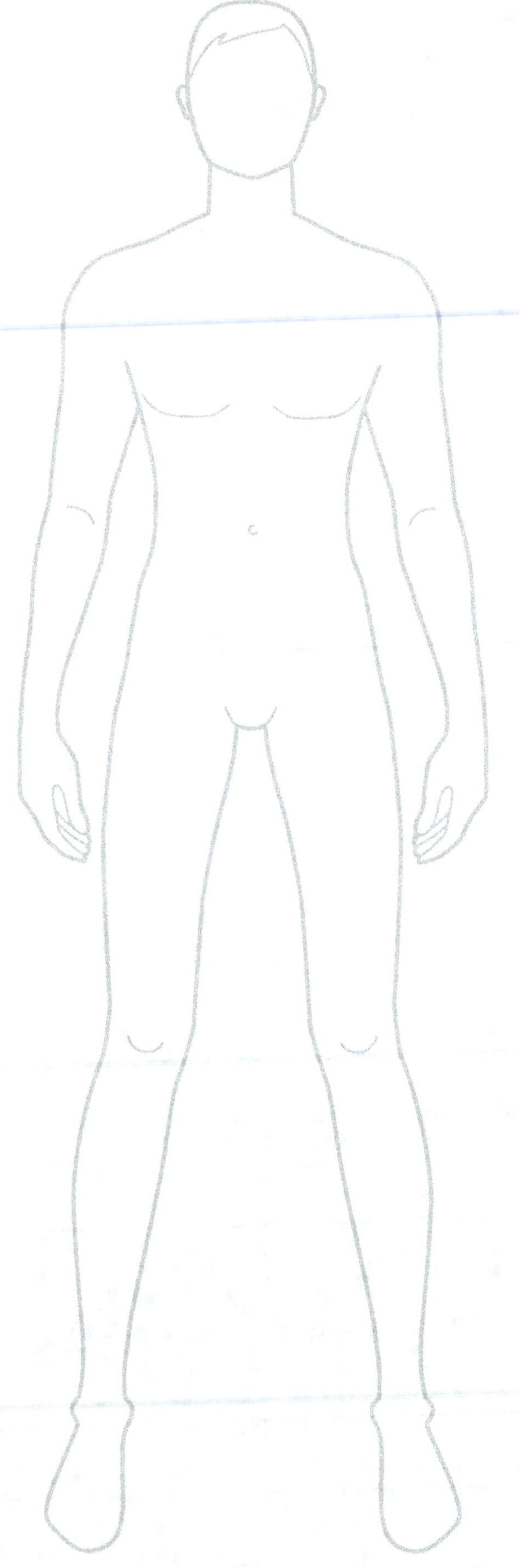

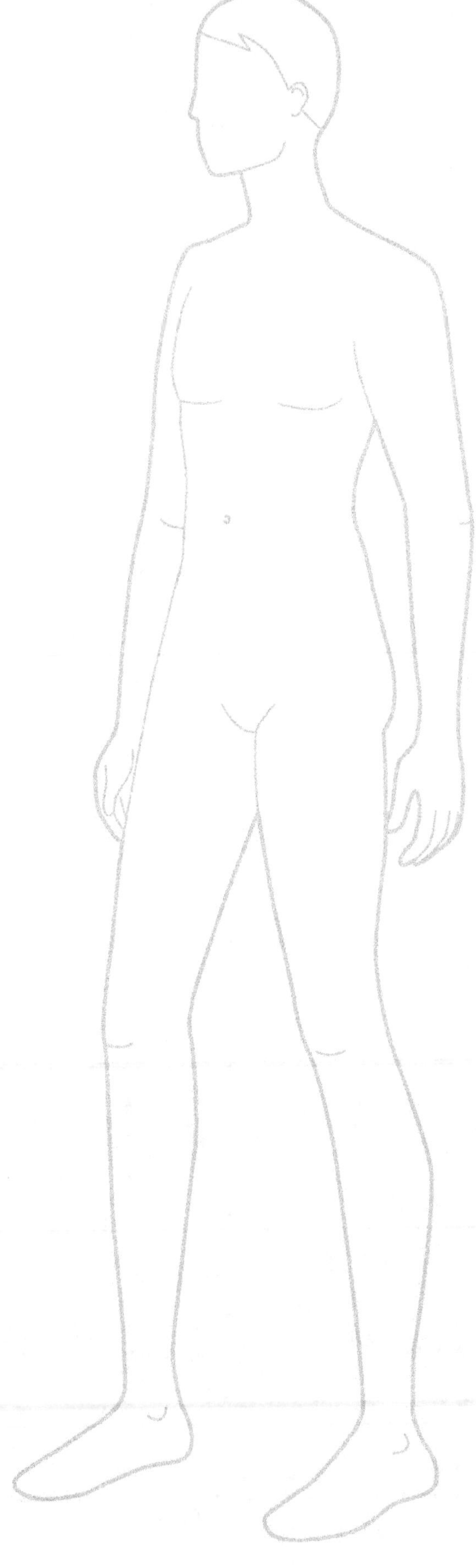

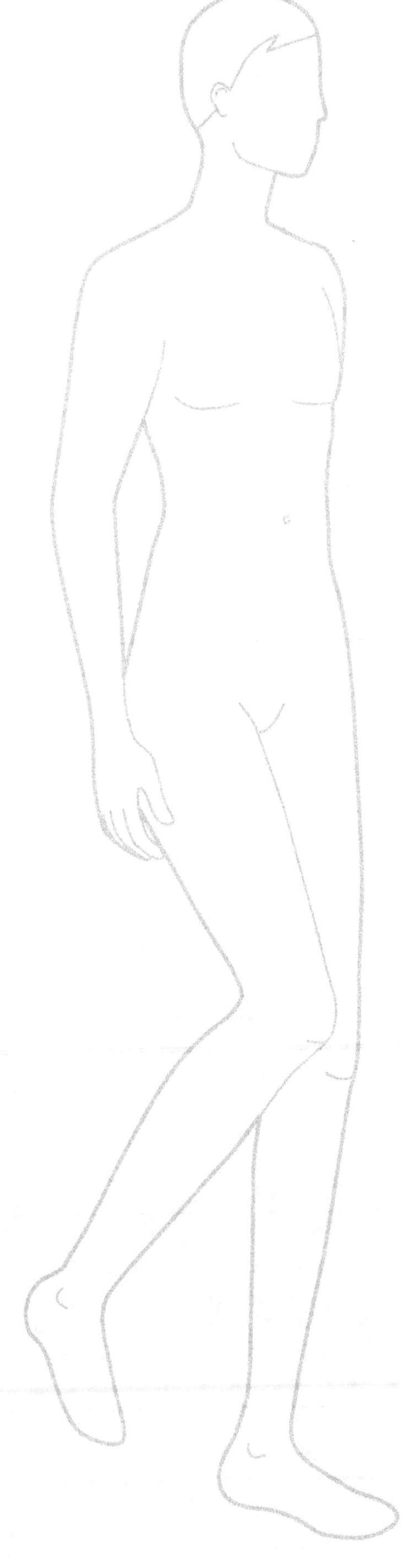

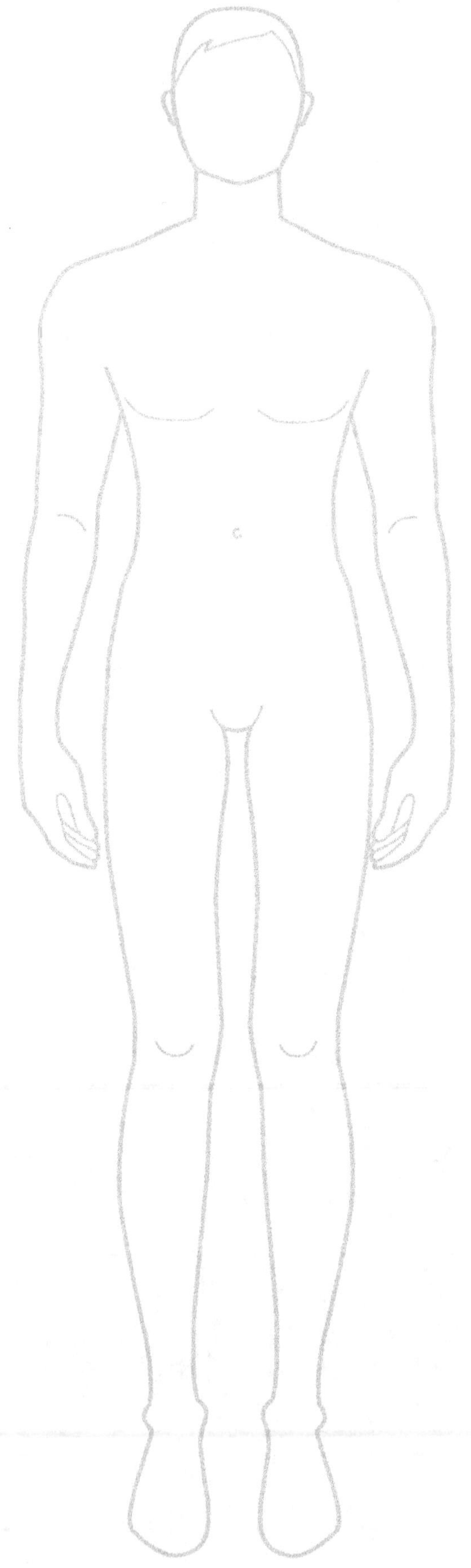

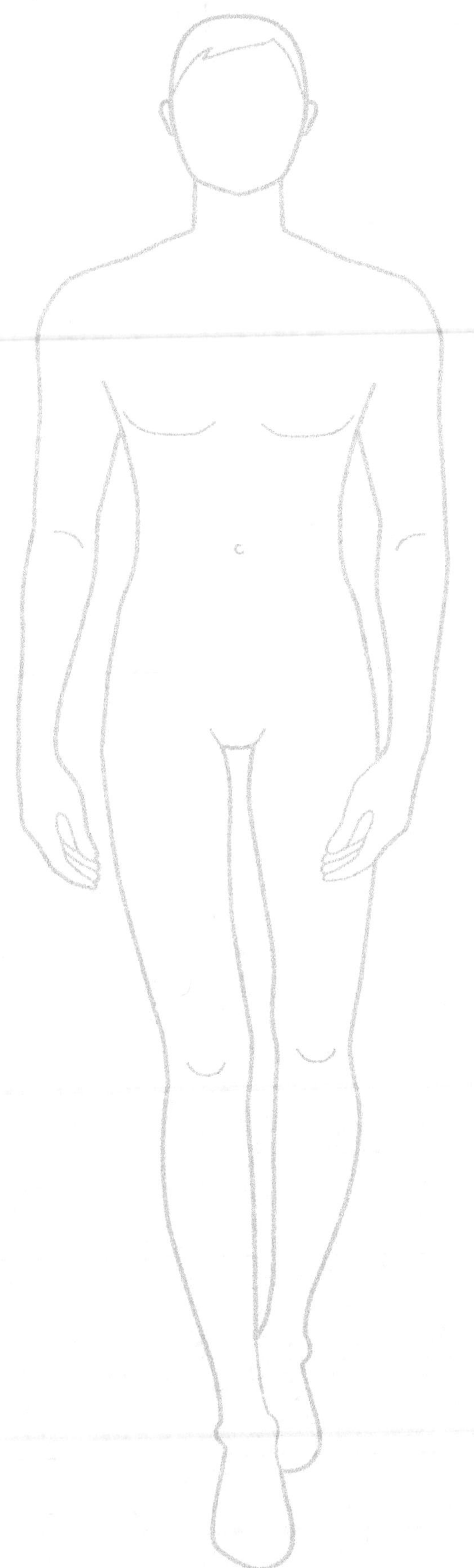

POJECT :

DATE:

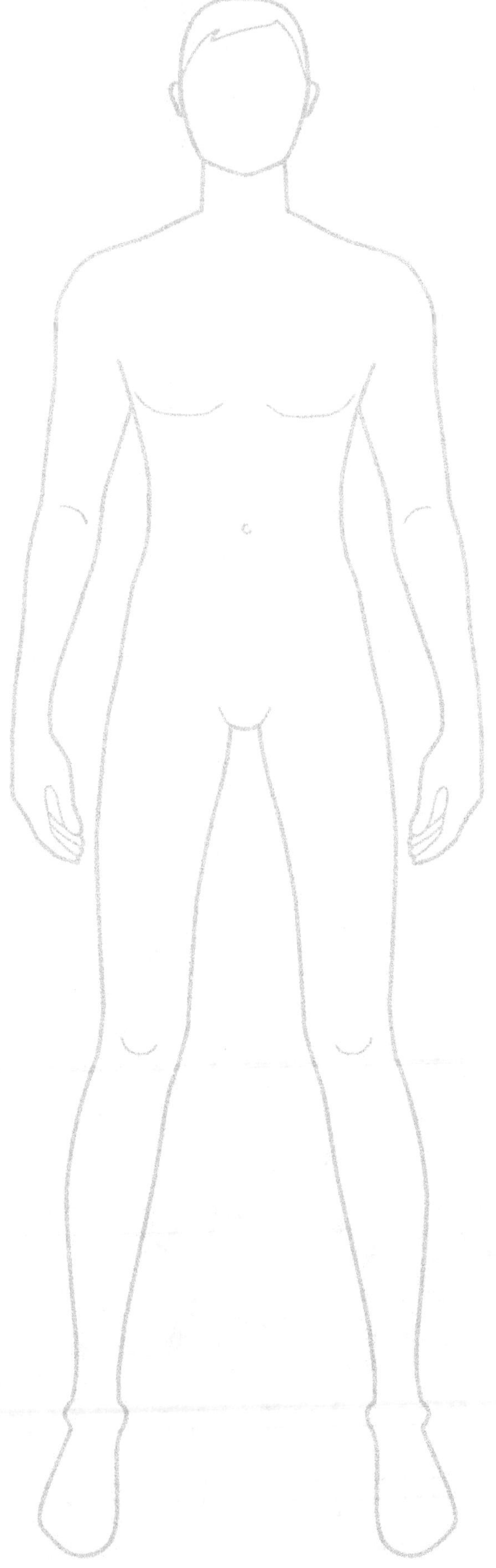

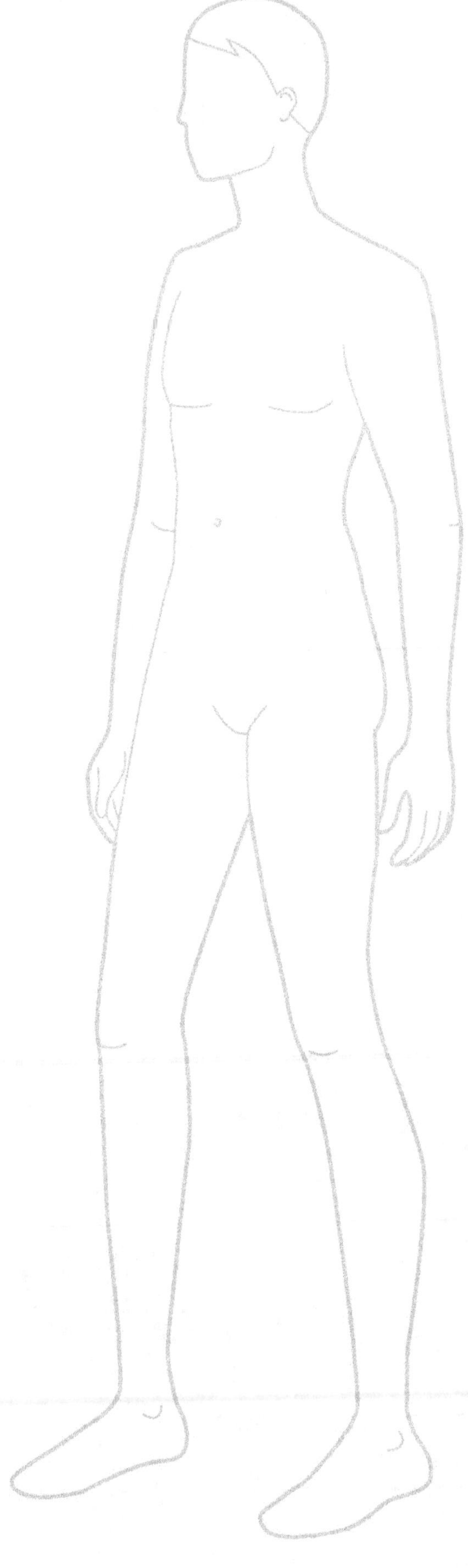

POJECT :
DATE:

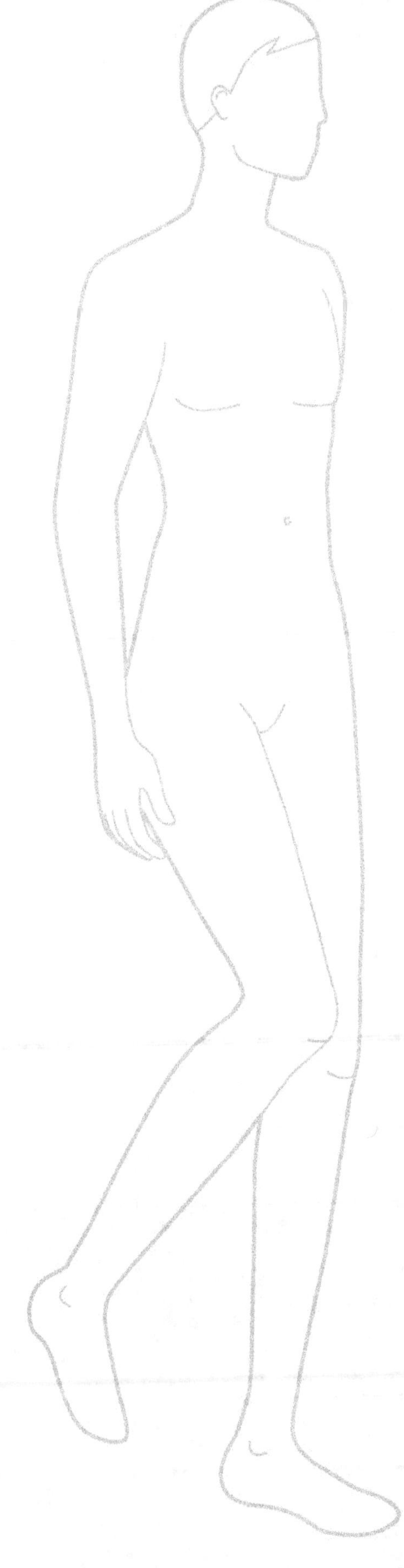

POJECT :
DATE:

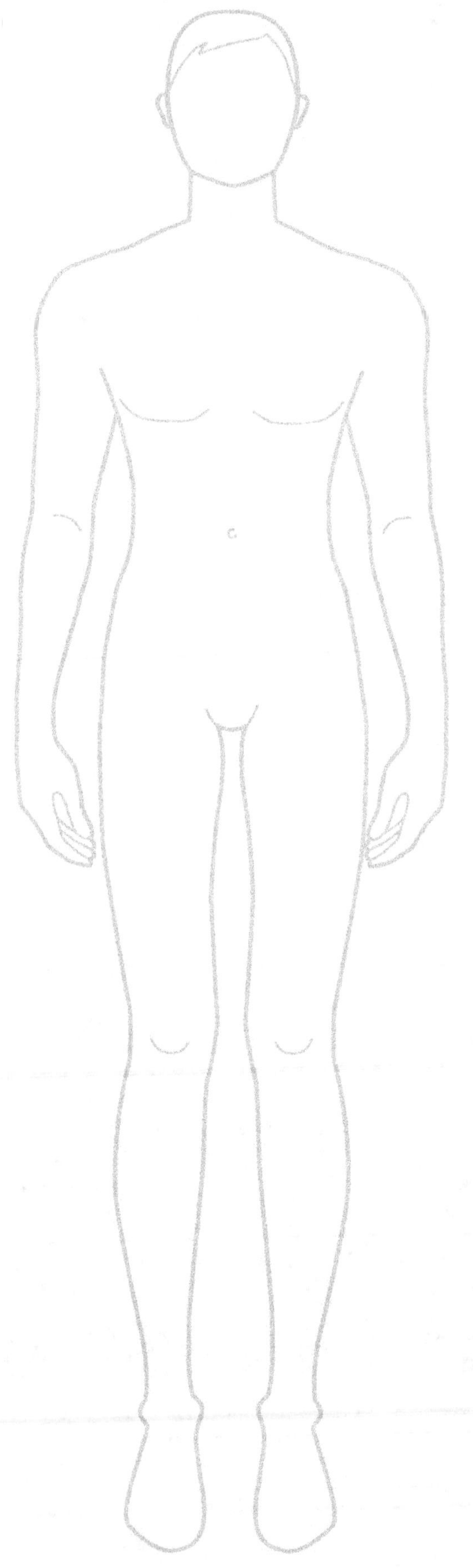

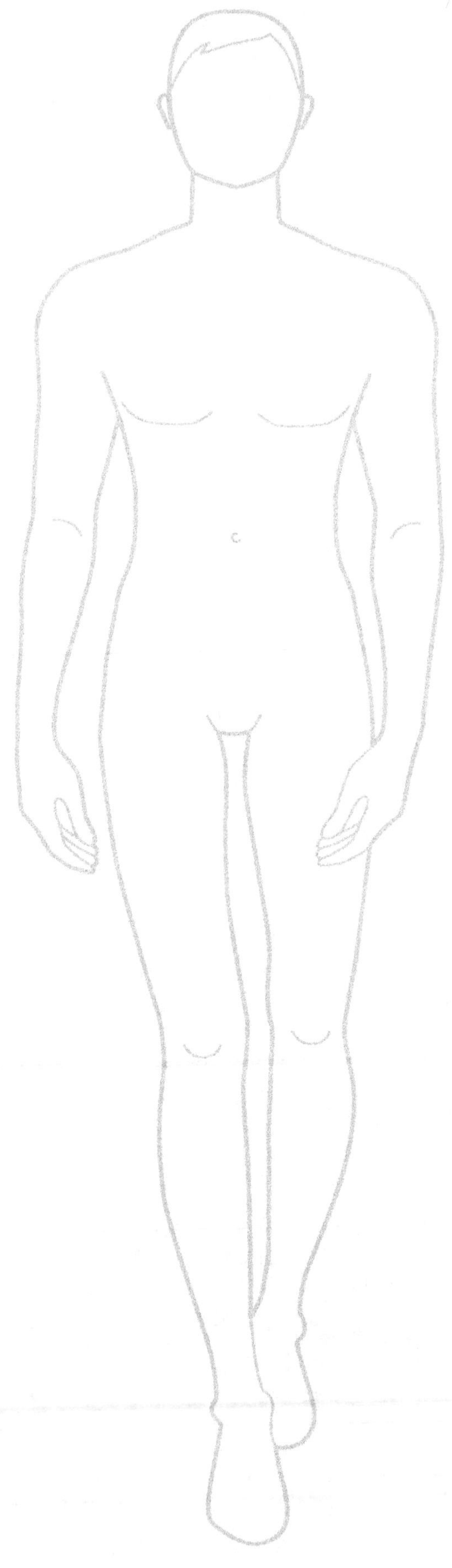

POJECT :   DATE:

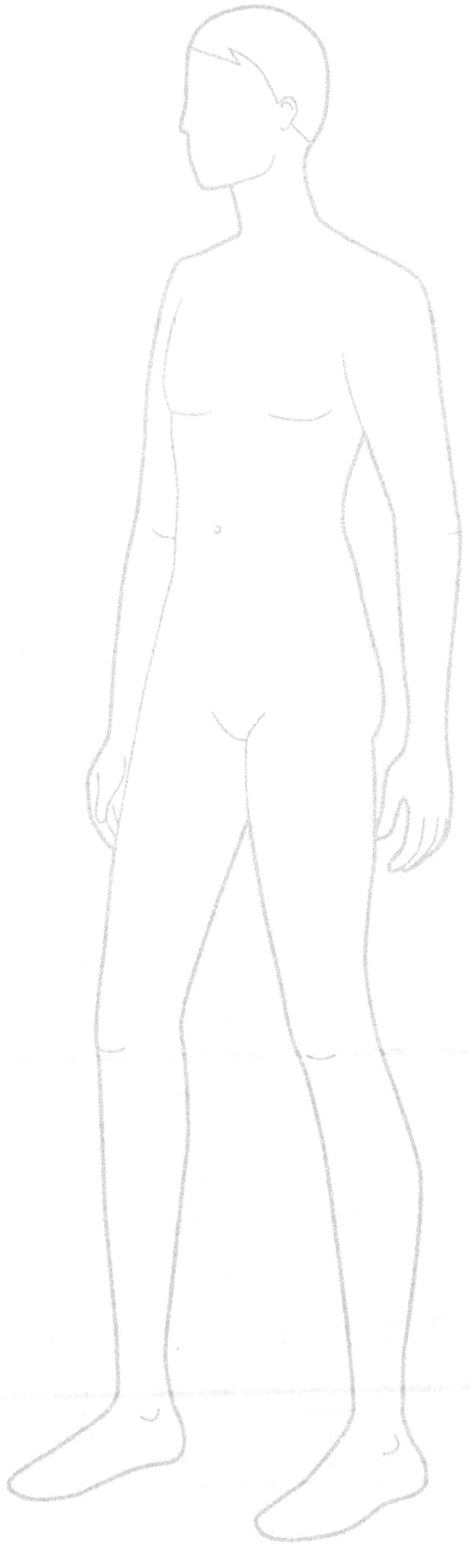

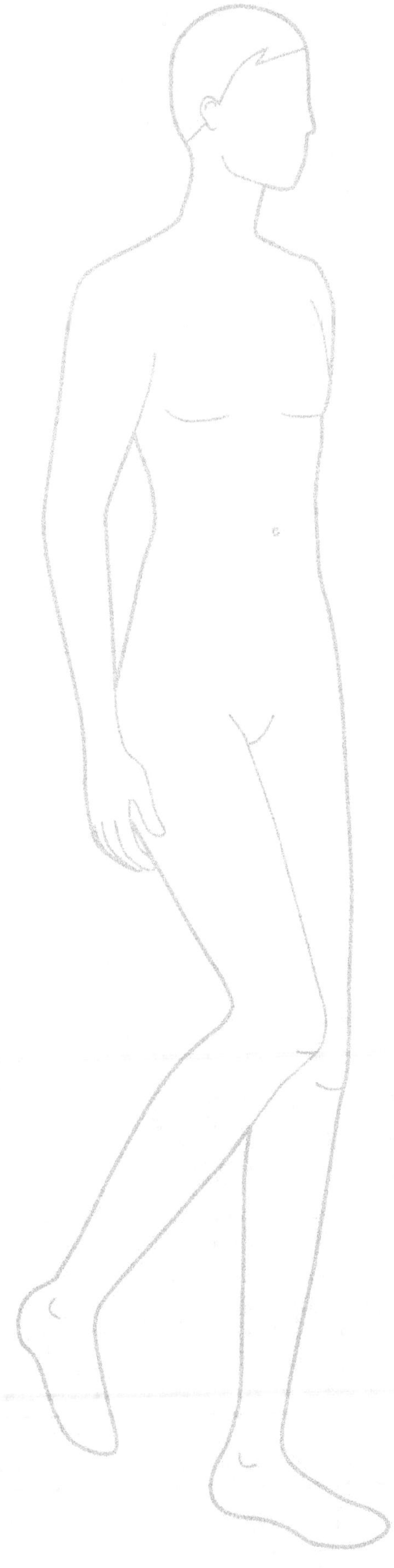

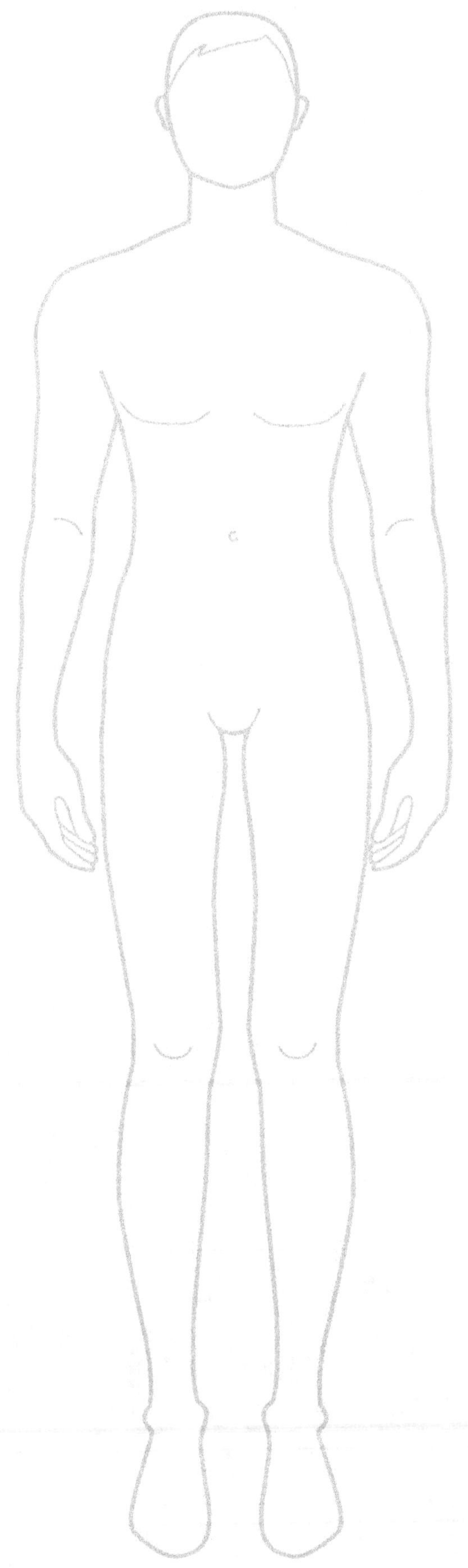

POJECT :
DATE:

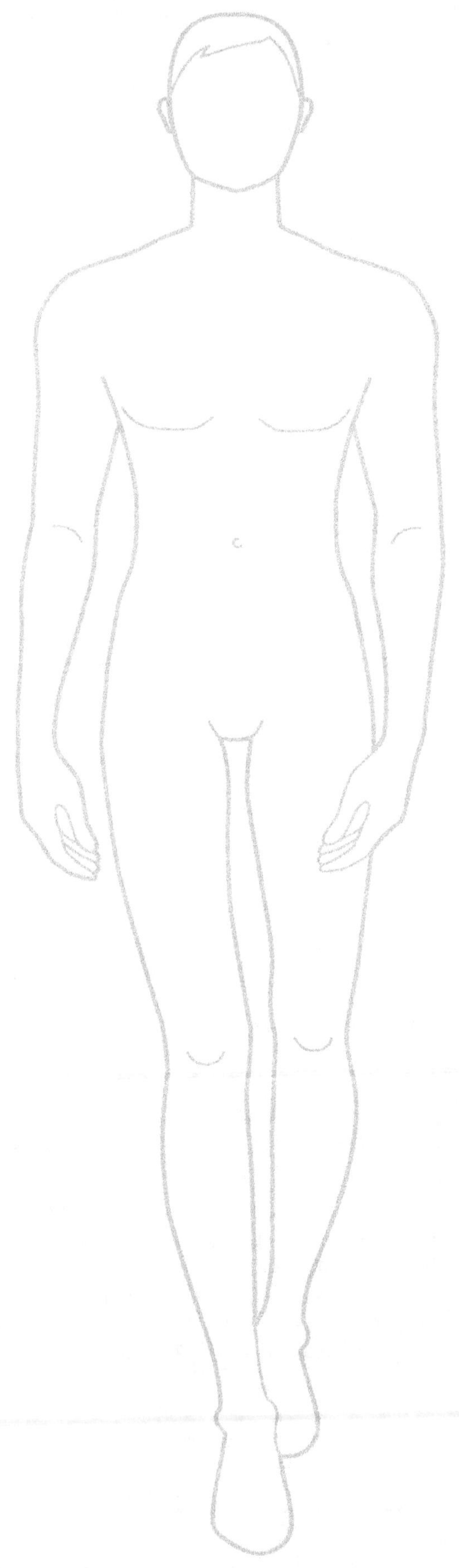

POJECT :
DATE:

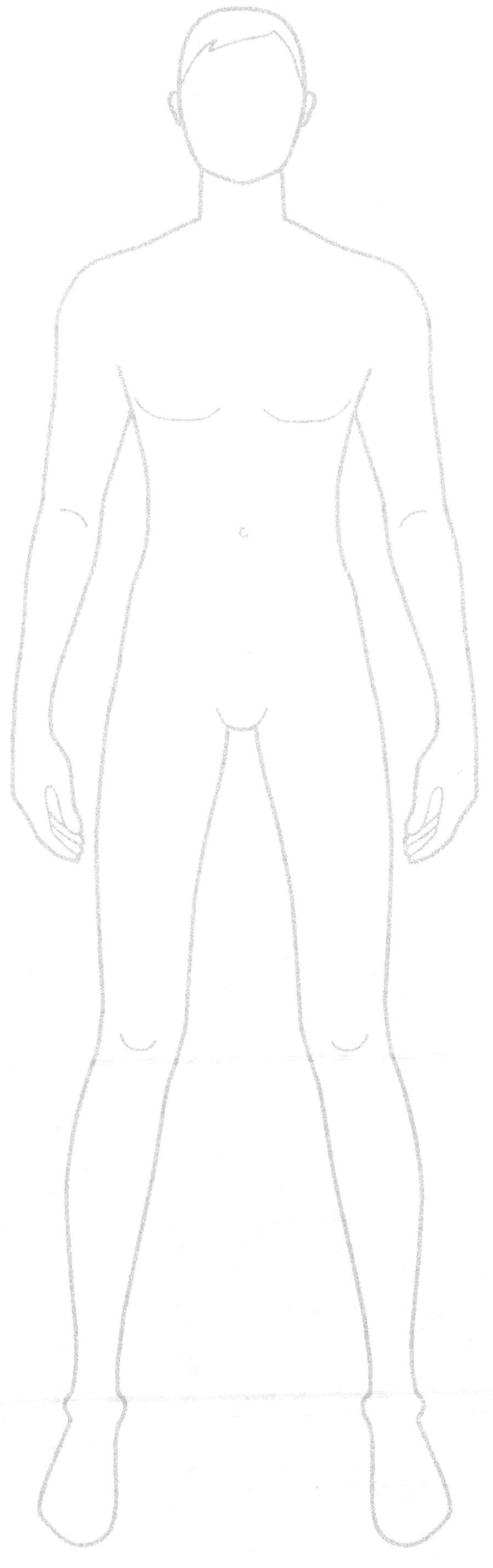

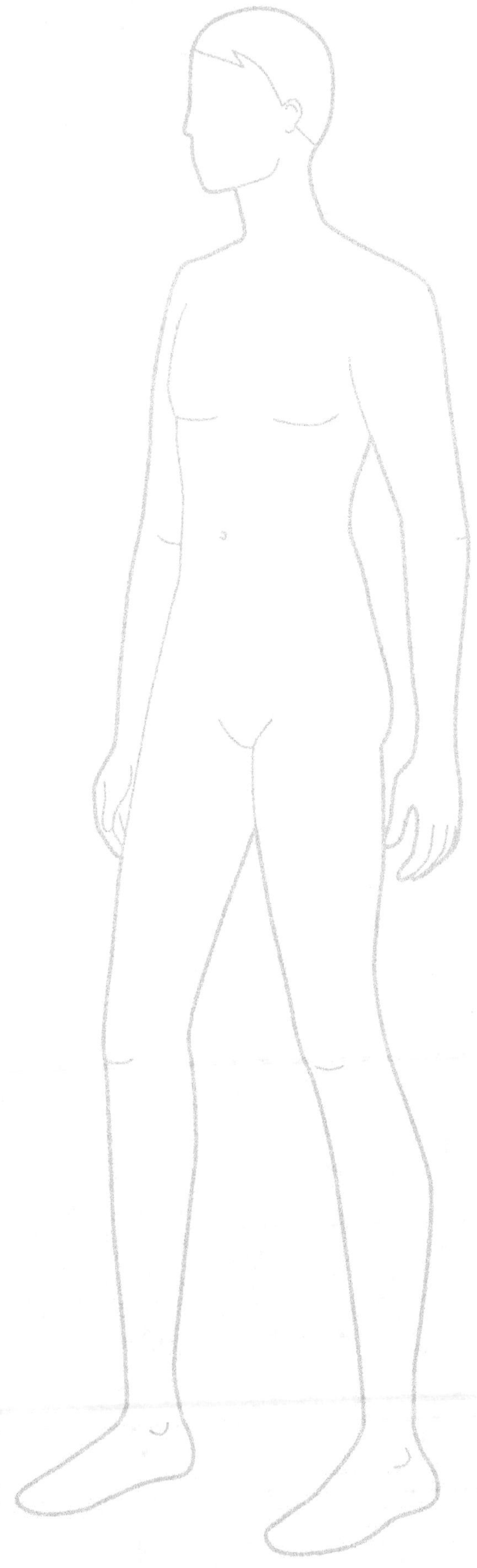

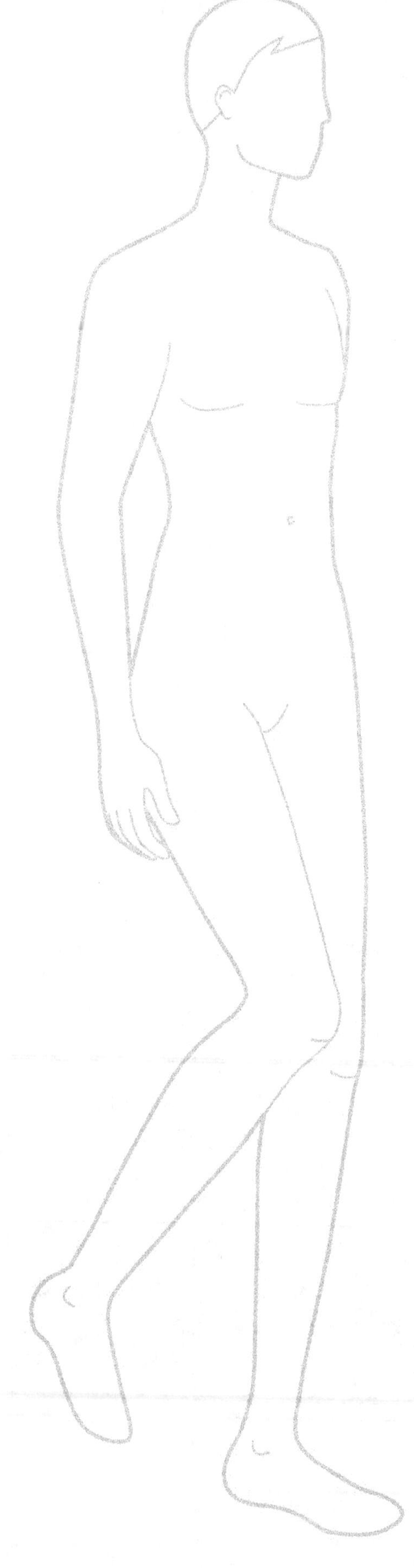

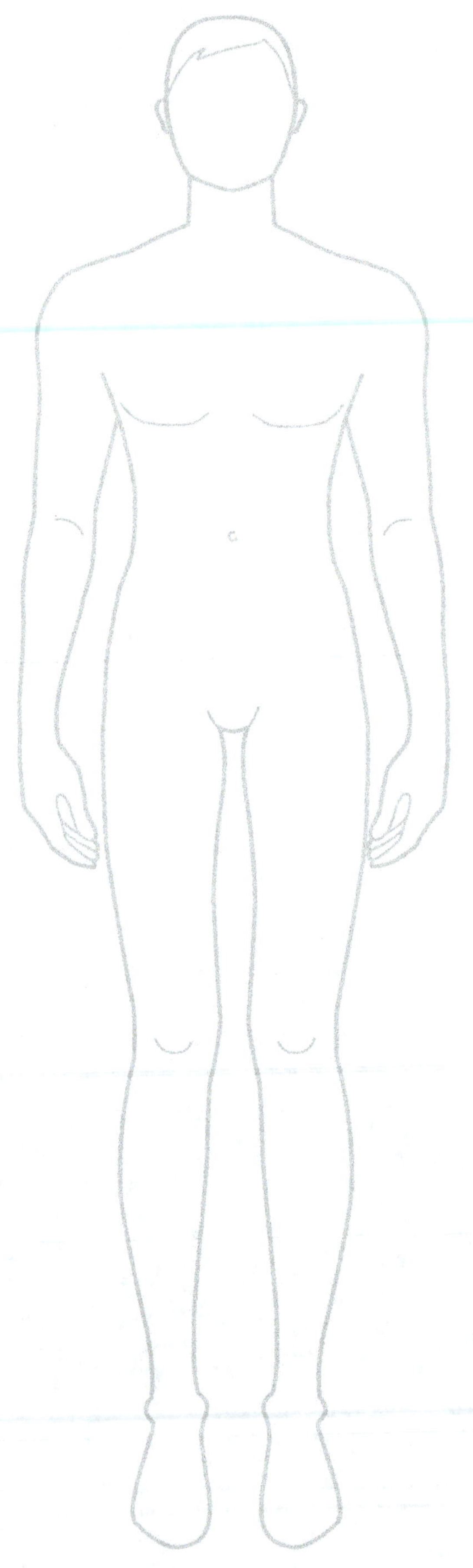

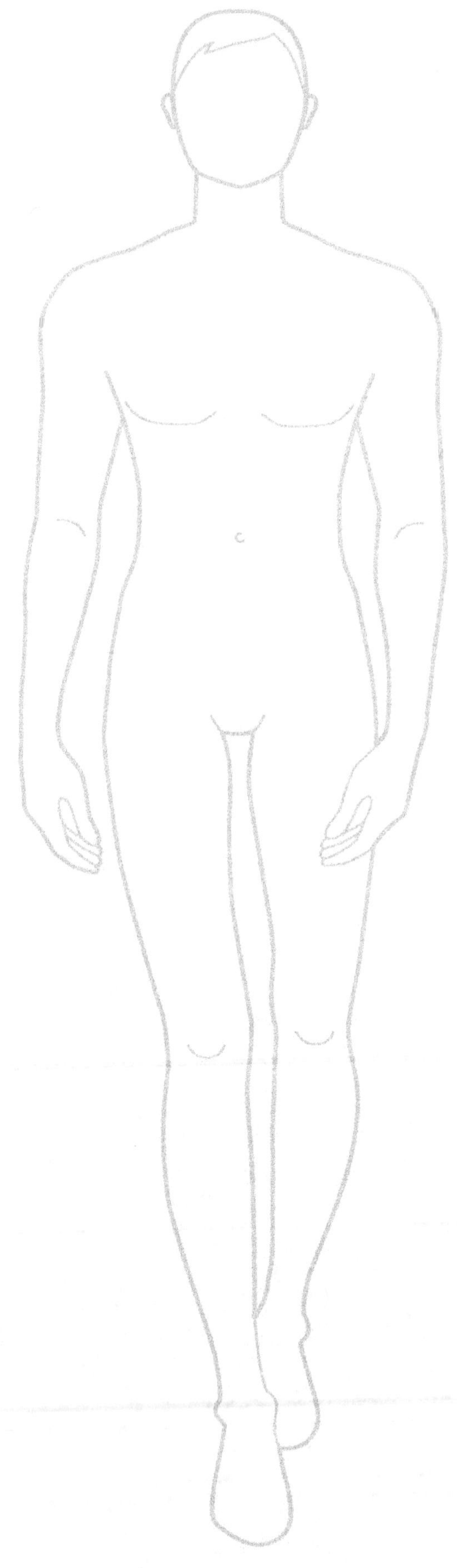

POJECT :
DATE:

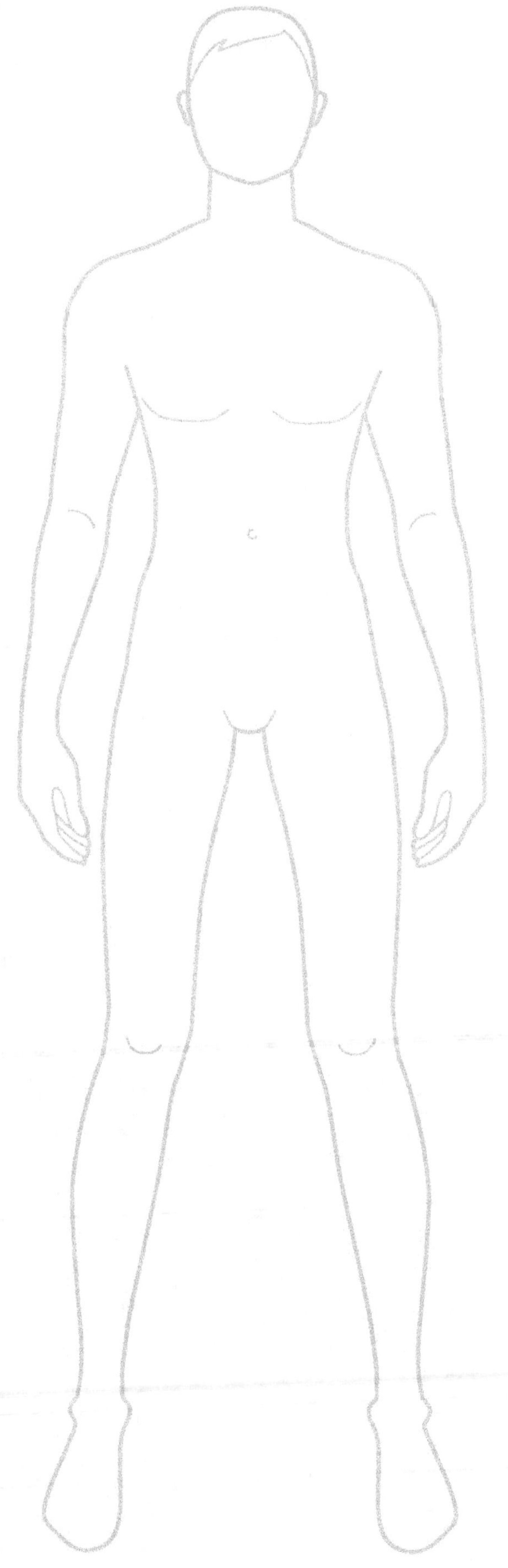

POJECT :

DATE:

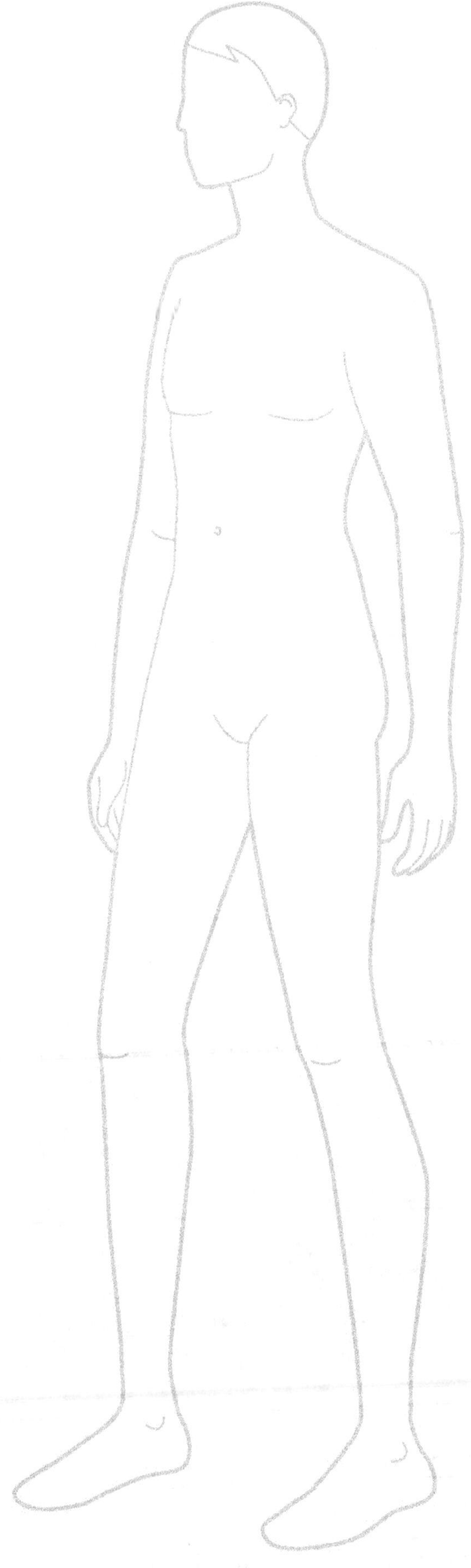

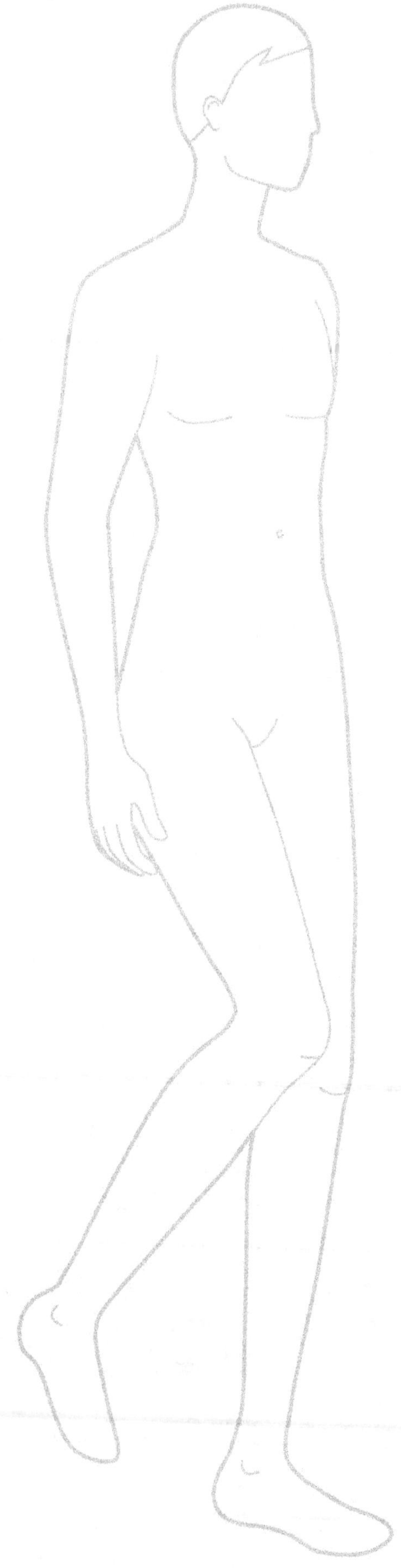

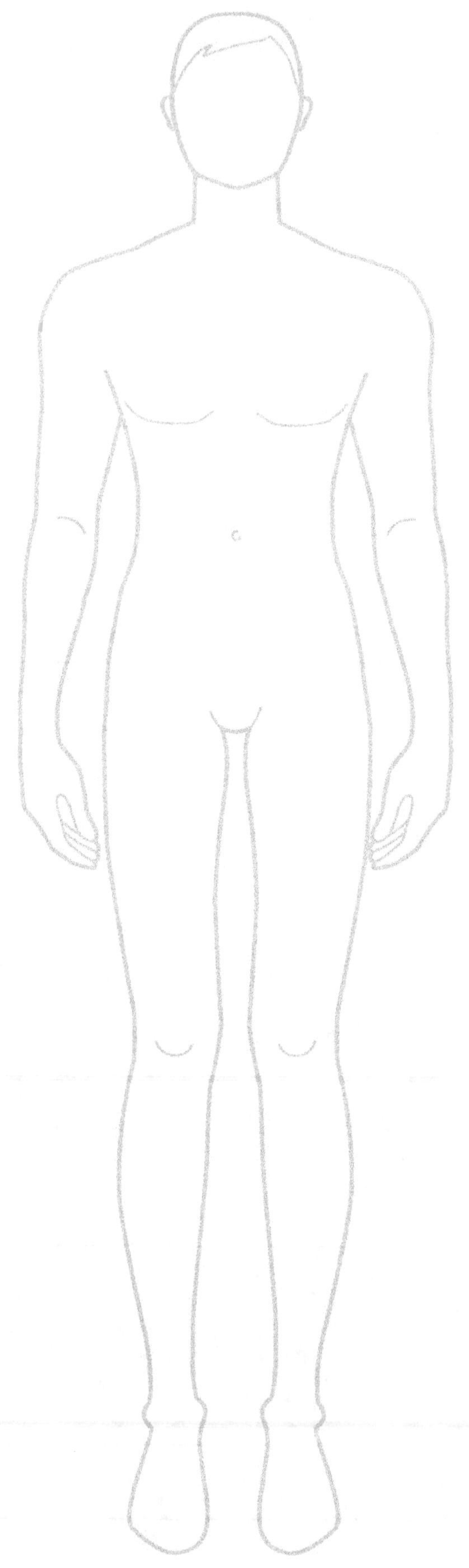

POJECT :

DATE:

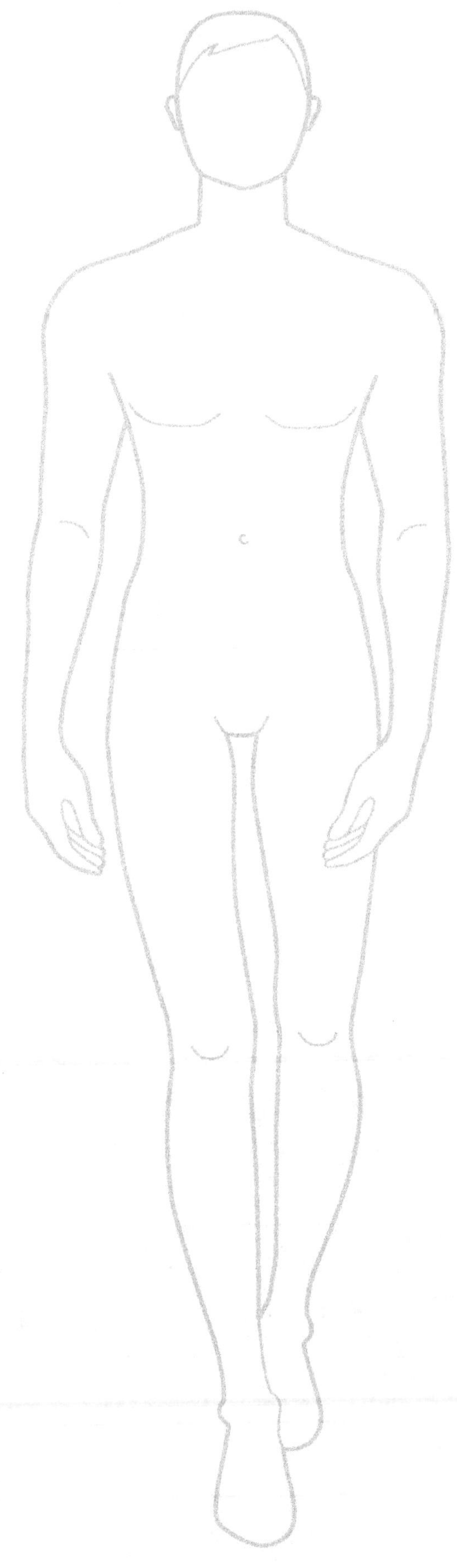

POJECT :
DATE:

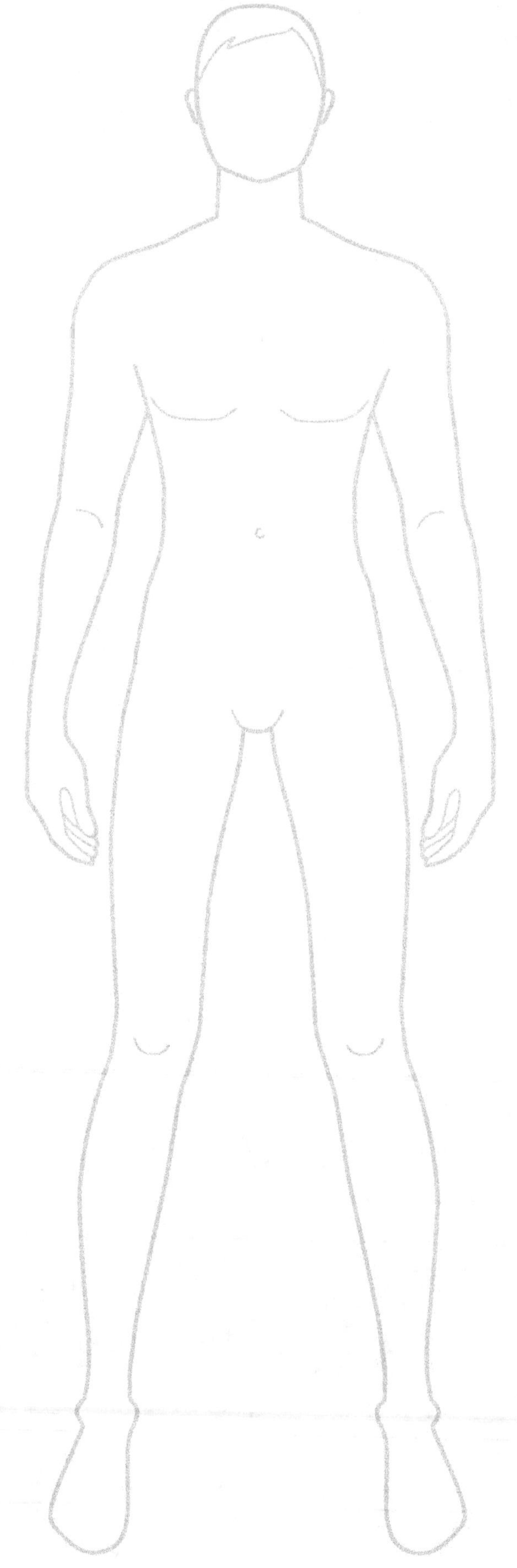

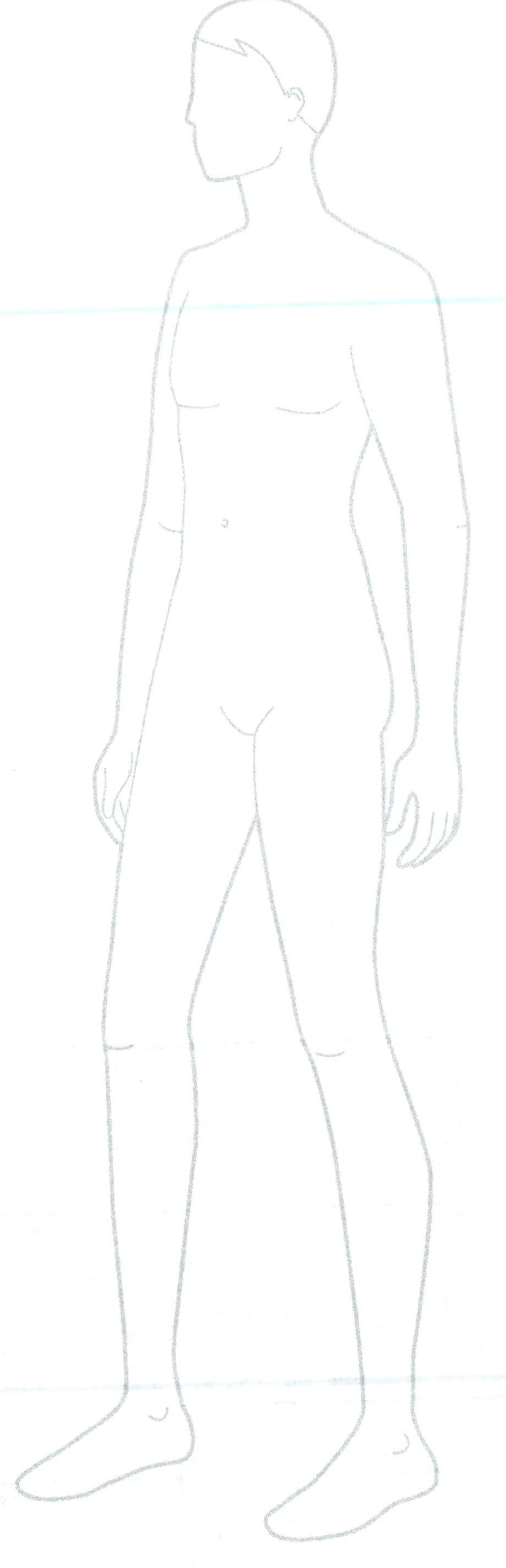

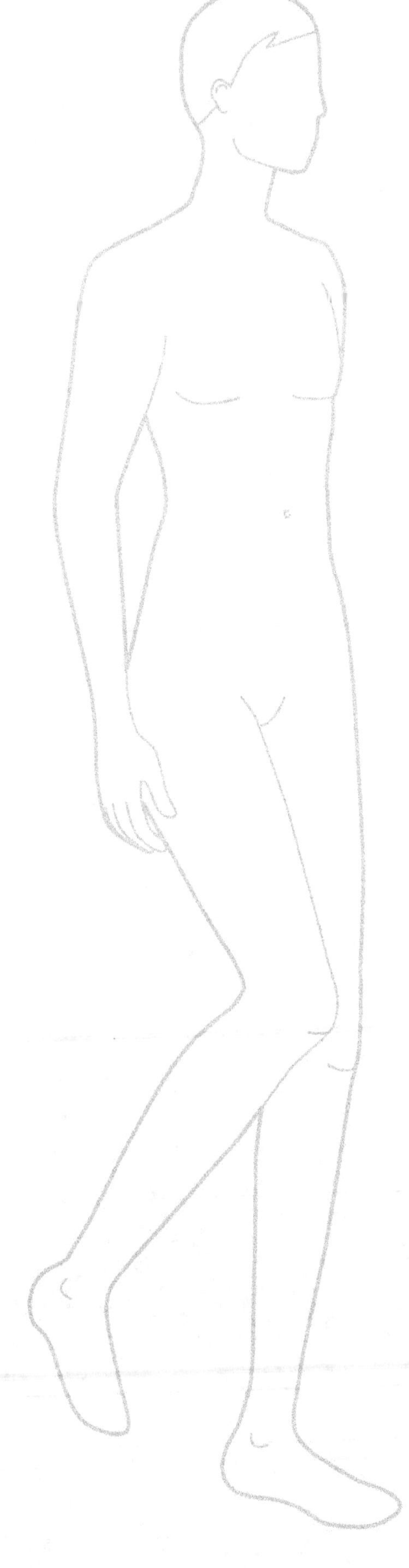